Lead the Way! Be Your Own Leader!

Leader Culture

Lead the Way! Be Your Own Leader!

力得文化
Leader Culture

我不願將就這個功利的世界！

南陳／著

曾經的你，已在遠方；最好的你，正在路上

當你無所畏懼，就不再有困難能擊敗你。
那些沒能將你折磨到死的痛苦，
有朝一日就是你最堅強的鎧甲。

在現實沙漠中造就自己的綠洲

達賴喇嘛曾說過：「這個世界並不需要更多成功的人，但是迫切需要各式各樣能夠帶來和平的人；能夠療癒的人；能夠修復的人；會說故事的人；還有懂愛的人。」

我不認識南陳，也不知道他是個怎樣的人。但在我眼裡，他正是被這個世界迫切需要的人。首先，他會說故事；其次，他的文字具有療癒性，能帶給人力量；此外，他的文章能激勵、激發人，教人學著自我修復。

生活在荒蕪的功利世界中，人們或多或少會有不得不將就的時候，也許是面對工作；也許是面對家庭；也許是面對生活。南陳以「授人以魚，不如授人以漁」的方式提醒讀者——即使身處於無奈，也當要無所畏懼地挑戰自我，在都市叢林裡逆風飛行。

願你我都能不被現實人生擊敗，而能成為於貧瘠沙漠中打造出肥沃綠洲的生命旅人。

三十歲，敢問路在何方？

在北京這座偌大的城市裡，我很幸運地認識了很多形形色色的人，每個人身上都有數不完的故事和難以釋放的情懷。感謝這麼長時間以來他們的陪伴，讓我在每一個孤枕難眠的晚上，就著故事和酒，一醉方休。

以前即便知道自己想要什麼，也總是因為懦弱而搖擺不定，我高喊的那些口號像一個又一個的巴掌，撕心裂肺地打在我的臉上，然後形成一股排山倒海的掌聲，環繞在我的四周，嘲笑我的膽小、委屈、不作為。

我往往紅著臉，繼續裝瘋賣傻，有規律地伸出我的左臉或右臉。現在好了，是的，現在好了，我把自己活過來了，那段裝瘋賣傻的歲月就這樣躺在那，一動不動，我知道它害怕我的嘲諷，它害怕我掛在嘴邊那抹似是而非的淺笑。

幾天前和一位姑娘聊天，說起現在的困惑，她以過來人的身份跟我訴說她的經歷。二〇〇六年，她來到北京，獨自一人徘徊在街頭，望著高樓大廈，手足無措。剛開始的那兩年，她始終都在問自己，是不是就這樣回去？是不是回到老家，找份湊合的工作，找個湊合的男人，湊合著過完自己的一生？

然而，當她只剩下幾塊錢，交不起房租，甚至有兩個晚上是睡在天橋底下時，她仍然沒有回頭。其實回過頭，轉身離去，並不會怎樣——但是，她會少了這段故事，少了在回憶時會心的微笑。

來到北京大半年，說是改變了自我也不太現實，但至少我擺脫了以前的生活。這是我一直以來認為的幸運，當然每個人的生活並不相同，也只有自己走出來的路才知道到底適不適合自己。

這幾天其實有點恐慌，這是多年來從沒有過的情況。也許是年紀大了，偶爾熬個夜，第二天便提不起精神來。好幾年前就忌憚著三十歲的到來，我甚至都沒有勇氣去看它一眼。以前總認為自己很年輕，能任性地犯錯，現在卻謹慎到不能再謹慎了。

三十歲，敢問路在何方？就像那句話說的——路在腳下。走得安穩，才能走得輕盈。

而現在，三十歲的我該做些什麼？除了感謝這些年來一直縱容我任性、幼稚、天真的家人和朋友外，我想美美地睡上一覺，在明天明媚的陽光底下，我會選擇另一種新生。

目錄

第二章　你可以飛得更高，別讓懶惰害了你

第三章　想要過好的生活，就要付出與之匹配的努力

第四章　不能因為一兩次的不如意，就徹底放棄了改變的勇氣

第五章　暴風雨來臨時，能夠支撐你的，只有你自己

第六章　敢於付出勇氣，才能改變生活的格局

第一章

你不將就一切
生活自然厚愛於你

重複生活是為了顛覆生活

要在重複煩瑣的日子裡，
樹立起對未來的憧憬與信心。

時間對每個人都很公平。你一天只有二十四小時，別人也一樣。

然而，殘忍的是，大多數人的資質也一樣，會開始意識到時間的緊迫，幾乎都是畢業走出校門的那幾年，脫離了象牙塔的堅固庇護，像辭別師父獨自闖蕩江湖的新手俠客，開始學著做任何事都只能靠自己。

結婚生子、買房買車，更是生命賦予的課題，迫在眉睫、急需解決。

這才發現其實還有很多東西需要學習，於是感到惶恐，內心的潛臺詞就成了「怎麼

辦？怎麼辦？趕不上別人了啊！」

這種感覺，在大城市中最為明顯。

就拿早上起床上班這件事來說吧！昨晚你特地將鬧鐘調快了十分鐘，起床後的你自信滿滿，想著這次早了很多，車站不會有那麼多人了吧！可是一到現場立刻傻住——人頭攢動，路旁到處停著汽車、腳踏車、摩托車，前方的路早已被堵住，而你動彈不得也無路可退。

此刻的你開始自怨自艾：唉！要是再早半小時出門就好了，怎麼每個人都這麼早起，大家都不睏嗎？

每天，你的心裡都有個夢，渴望自己有天能實現理想、飛黃騰達，過上高品質的生活，在一年中最美的時節，還能痛痛快快地來趟舒適的旅行——春天草長鶯飛，生機盎然；夏日避熱消暑，清涼愜意；秋季落英繽紛，色彩斑斕；隆冬圍爐而坐，看窗外白雪皚皚。

但現在，迫於生計和經濟壓力，只能日復一日地跟一群陌生人擠公車、擠地鐵，摩肩接踵地共度幾小時的車程。

偶爾，心情低落時，會問自己：為什麼非要堅持在大城市裡討生活？又累又得不到多少回報……

可是轉念一想，沒有隨隨便便的輕鬆，重複這樣的生活，只是為了有朝一日能改寫自己的人生，徹底顛覆往昔的生活。畢竟，臺階要一層層上，飯要一口口吃。

說到底，生活在大城市裡的每個人，似乎都很重視、需要所謂的「安全感」，不然你不會想看同儕的奮鬥故事，不會想讀當下風行的勵志雞湯文。

你會好奇這些無非是因為想知道有人正跟你一起吃著苦、受著罪，可是，有些人仍在堅持，有些人則藉此獲取了成功、走向了光明。

對你來說，這無疑是種激勵，是遇到困境時給你支撐的力量。總括來說，你是為了求一份寬慰，就像身邊總有個人正陪著你闖過生活的道道難關，會在你哭泣的時候為你擦掉眼淚。

由此可知，每個人的內心都有脆弱的一面，無論年紀多大，還是會渴望自己能像個孩子，被人撫慰、被人疼愛、被人溫暖。

可是，那些「雞湯」道理說得再通透、明顯，你若不採取行動，也永遠只是無力的理論，幫不了你多大的忙，所以，你要記住──別人永遠勵不了你的志，只有自己才能勵自己的志。

我知道你會焦慮，我也知道你渴望用很少的時間來實現自己的夢想。

雖然這世上成功的人越來越多，但有更多的人還在拼命努力，所以你千萬不要放棄。勵志的句子，說起來很有道理，也很容易迷惑你的心智。想要早點獲得成功──首先，你要擺正心態；其次，你要行動起來；然後，別老是想著要跟別人比。

前陣子我在某個論壇上看到一篇文章，大家在討論薪資問題──二〇一〇年畢業的大家，來說說現在的生活和工作待遇。

很多人開始留言，有人說畢業五年，在直轄市就業，上個月月薪剛突破四萬，但沒房也沒車；有人說工作穩定，但工資大約就兩萬多元，剛剛好能活；也有人說，自己擔任家族企業總經理一職，年薪破百萬……

你點著滑鼠、翻閱大家的回覆，在內心把別人的成績跟自己做比較，看到比自己差的就眉開眼笑，看到比自己好的則愁眉不展，看到超越自己一大截的只能倒吸一口氣，然後滿是無奈。

這種強烈的對比、反差，確實很容易讓人焦慮。

焦慮會使人亂了陣腳，如果你開始慌亂，請先保持神色不動，閉上眼睛，然後深深地吸一口氣，三十秒後再把眼睛睜開——這樣是不是感覺平靜得多了呢？

又或者你可以這樣想，就算你現在心急火燎，月薪也不會因此立刻高漲，這樣一想自然就能平靜下來了。

通常，理智的人不會給自己找這種麻煩，因為他知道自己看的是別人描述的結果，而

別人只是沒有明說箇中的酸甜苦辣罷了。

請記住，所謂的「速成」都只是嘴上功夫而已。

即便是天資聰穎的人，也不可能在極短的時間內功成名就。我們往往只看到別人取得的輝煌成就，卻忽略了他們背後吃的苦頭及下的工夫。

也許，你已經無法容忍每天必須早起還要加班的忙碌，也許，你曾動過心思打算放棄現在的生活，選擇去生活壓力更小的鄉鎮，可是這種想法偶爾想想就好，最好不要付諸行動——如果逃避可以解決問題的話，那麼還會有那麼多人深受困擾嗎？難道生活在小城鎮中的人就沒有煩惱嗎？

當我們意識到自己的能力不足，需要進一步提高時，常會看到街頭各式各樣的速成班廣告：

「速成」英語班，由名校老師任教，包你三個月就能考過托福——你相信嗎？

「速成」電腦班，包你兩個月就通過二級檢定，學成推薦好工作——你敢去嗎？

給你一個真實案例，一位朋友很想學電腦，報名了全國最有名機構的課程，繳了上萬元的學費，兩個月就結業了。

我問他：「你學會了些什麼？」

他第一句話就是：「他們教的那些東西，我好像自己學也會。」

更可惡的是，學成以後業者也並未真的幫他推薦什麼工作，最終他也是靠自己的力量才得到一份工作……

如果任何技術都可以速成，那麼當年達文西初學繪畫時，也不必每天盯著一顆雞蛋作畫，而赫赫有名的音樂家們當年也不必重複練習同一首曲子。

兩點之間最短的距離是一條直線。想要實現自己的目標，就必須踏踏實實地朝著既定的方向努力，別動歪腦筋，別妄想要另闢蹊徑，要知道——也許那是死路一條。

古人有云：「臺上一分鐘，臺下十年功。」看似精湛的表演技藝，其實都來自於日復一日、年復一年的扎實練習。

我真的相信「一萬小時」這個理論——通過一萬小時的努力、一萬小時的用心、一萬小時的認真，再加上一萬小時的反覆練習。任何事只要做好做滿一萬小時，自然會熟能生巧。可見，重複這件事有多美、有多好。

所以，停止無謂的抱怨吧！勵志「雞湯」可以看，但是打了「雞血」後，別只用同溫層受的苦來安慰自己，更要像別人那樣走上奮鬥的征程。

從現在開始，認真對待眼下的生活，要在重複煩瑣的日子裡樹立起對未來的憧憬與信心。你要知道，現在之所以過這樣的生活，是為了有朝一日能徹底翻身，贏得你所嚮往的一切。

而時代越浮躁，越要保持頭腦清醒。

你，就是最特別的那一個。

學會用減法來過生活

一次只做一件事，
並努力把這件事做到極致。

以前有隻小老鼠，外出覓食時發現了一個油瓶，牠當時很餓，就鑽到油瓶裡偷油吃。

香油真的太香了，小老鼠吃得很開心，沒多久，牠的肚子開始鼓了起來。

明明已經吃得很飽了，可是小老鼠還是貪戀香油的美味，於是牠決定再多吃幾口。慢慢地，肚子越來越大，等到牠想爬出油瓶時卻已經出不去了。

還有另外一則故事——「現實版」的小老鼠。

Ａ同時喜歡上兩個女孩，明知道自己只能選擇一個，可是他不想放棄任何一個女孩。於是，在兩個女生間糾結了數個月後，被其中一個女孩發現了真相，甩了他一巴掌後便轉身而去。另一個女孩也覺得是奇恥大辱，主動跟Ａ斷了聯繫，並表示今生再不相來往。最後，Ａ竹籃打水一場空。

為什麼會出現這樣的結果呢？答案是：欲求太多。

一個人想要的東西太多，背負著過多欲望往前走時就會感覺疲累，最後體力不支，還沒到達終點，人就已經筋疲力盡了。

那種願望太多的人，很容易把生活搞成一團糟，而最終卻什麼都得不到。因為人的時間、精力有限，不可能一次完成所有的願望。

那麼，問題來了，身處在這個繁雜的世界，怎麼做才不會那麼累？答案是：減少你的欲望，堅持把一件事做到底。

首先，你一定要搞清楚自己最想要的是什麼，目標設定明確後才能輕裝上路。

昨天剛看完一部感人的日本電影《哪啊哪啊～神去村》，故事是這樣的：

男主角平野因為高考失敗，在不願重考又對未來充滿迷茫時，偶然得到一份募集林業培訓生的廣告傳單——封面上的女孩笑容甜美地倚靠著一棵參天古樹，一下子就吸引了平野的目光。

於是他決定告別大都市，興致勃勃地前去參加為期一年的林業培訓課程。

平野要去的地方叫作神去村，是個偏僻的小山村。那裡交通不便，需要換乘好多班列車，最後還要搭乘地方支線。手機在那裡也沒有訊號，村裡人平時聯繫基本是靠大吼大叫。

山林深處，有平野從未見過的美麗風景，也有毒蛇與野鹿。這裡最常見的就是泥濘的小路和路旁的各類古樹。

平野剛來的第一天就被蚊蟲叮咬，下水時又被水蛭吸到臀部，於是，他開始想念都市裡一切都很便利的生活。然而，因為種種原因，他幾次逃跑都沒能成功，最終還是留下來了。

就在此時，不可思議的事情竟然發生了：隨著與村民們的交流，大家白天一起砍柴種樹，晚上一起喝酒聊天，平野竟然漸漸愛上這裡的生活，也愛上了這群質樸的人們。

後來，他總算見到廣告傳單上的那個女孩，兩人從陌生到熟悉，愛意悄悄萌生。

喜歡上這裡後，平野漸漸忘記了時間。

課程只剩半個月，平野參加了村民極度重視的神社活動，在神社宮司的授意下，親手砍掉了一棵千年大樹。

當樹木轟然倒地時，平野閉上眼睛，深深吸了一口撲鼻而來的杉樹香氣，他發覺自己好像無法離開這裡了。

課程結業後，平野回到了都市。

都市裡，人們來回奔忙的身影，偶爾踩到彼此而匆忙說抱歉就各走各路的情形，以及周圍的車馬喧囂，都使他難以適應。

那一刻，他無比懷念山林的清靜以及村人的溫馨。於是，平野回到家中，放下從山裡帶回來的一罈養生酒，連父母的面都沒有見，就急匆匆地搭上回程列車。

此時，他的臉上才露出真誠的笑容。

我想，這個曾經找不到歸屬感的人已經找到了他想要的人生。

同樣的感動，也發生在一個我常觀賞的音樂節目中。

那天，節目舞臺上來了一名年逾花甲的老奶奶，她的打扮新潮，表演的曲目竟是很拉風的搖滾歌曲。

一位老奶奶穿著皮衣、皮褲大唱搖滾樂，這景象光是用想的就令人十分激動！

等表演完畢，老奶奶開始自我介紹：她今年已經七十一歲了，音樂是她這輩子唯一的愛，到死都不想放棄。

得知老奶奶要參賽，周遭親友都不同意她參加，他們說了很多萬一——萬一在路上出事了、萬一在舞臺上跌倒了、萬一沒有入選……

他們跟老奶奶說，這是屬於年輕人的舞臺，老奶奶該有老奶奶的樣子，安安靜靜地在家裡喝茶、讀報就好，別給自己的兒孫找麻煩。

可是老奶奶只說了一句：「正因為老了，等到以後更老的時候，也真的只能坐輪椅了。」所以，她要來舞台上唱歌，而且不會輕易放棄。她還告訴家人，如果過程中她有任何的差池，兒孫們都不用感到自責，這完全是她自己的決定，她就是想過自己喜歡的生活。

當時，臺下的評審都默默地濕了眼眶。我相信他們的感動根本不在於老人家唱得有多麼慷慨激昂，而是這份篤定堅持的精神。

很多時候，你熱愛什麼，你就能綻放出什麼樣的光芒；你堅持什麼，你就會成為什麼樣的人。而你付出的，終會以另一種形式回到你的身邊，成為你的一部分。

當年陸劇《奮鬥》熱播時，富家女米萊對陸濤的表白，感動了千萬人，她說：「我這輩子做什麼事都不堅持，小時候學跳舞，跳著跳著就放棄了；長大後去念書，讀著讀著書也扔了；這輩子我就只堅持了一件事，那就是愛你。」

看吧！即使是這麼一個「一事無成」又什麼都只有「三分鐘熱度」的傻姑娘，也能因為堅持愛一個人而讓人動容。

我知道誰都想同時完成很多事，想讓別人覺得自己很了不起，想要自己獨一無二、與眾不同，可是，人生短暫，熱愛更需要認真堅持。

既然我們都不是天才，那就讓生活變得簡單一些，一次只做一件事，並努力把這件事做到極致。

你不將就一切，生活自然厚愛於你

有原則地對一切有要求，
讓自己活出獨一無二的精緻人生。

很多人不知道，對工作保持熱情，是為了讓生活更加舒適；更多人不知道，對工作保持認真，是為了讓生活更加開心。

每個人在試用期時都對工作格外用心，老闆要求加班，一律應允，還會樂在其中——因為這關係著自己能否順利通過試用期。

可是一旦轉為正職，大多數人就會像洩氣的皮球，天地悠悠、過客匆匆，全部任我行，對待工作不再百分百付出，跟部門同事溝通交流也馬馬虎虎、敷衍應付。特別是在管理較為輕鬆的公司或團隊中，這種現象往往更為明顯。

還有一個普遍的現象：當我們最初跟陌生人相處時，因為不知道對方的脾氣、個性，可能會稍微提防或是稍微感到緊張。當我們了解、掌握到對方的一些資訊後，則會開始鬆懈。

這就是為什麼最初你感覺威嚴的上司，在時常對你面帶微笑後，你就不再畢恭畢敬而畏懼他了。

同事葉子經過三個月的努力，順利地拿到公司的正式聘用書。因為我們在同一部門工作，有很多工作上的交流，漸漸地，我發現葉子對待工作很將就。

當你跟她點明問題或指出錯誤時，她不但不會細心改正，還會認為你是小題大作。就拿寫篇兩千字的廣告文案來說，明明可以在網路上找資料進行修改，可她偏偏全都複製貼上，連格式也都弄得亂七八糟。

這樣的文案，別說經理看了會感到不滿意，就連我都看不下去，於是，就演變成她所有的文案都會先經過我的再整理，可是時間一長，我也開始吃不消，畢竟我有自己的工作要完成。

呈報。

終於有天，經理臨時抽查，分配了很多工作給我們部門，並要求我們要在第二天一早

會連累整個部門喔！」

工作開始前，我跟葉子說：「這次的文案你要寫清楚一點，要更細心檢查，不然可能

然而，葉子不以為然地擺了擺頭，絲毫不把我的話放在心上。

被留下來加班，我們部門的主管還為此被扣了錢。

果然，隔天一早，經理就在辦公室裡發火了。因為昨晚葉子的失誤，導致整個部門都

活？

好精進，還被大幅減薪。至於生活——要你每天連續上班十二個小時，哪裡還談得上生

這還不算慘，最慘的恐怕是葉子本人了。她不但被部門主管要求每天留下來加班，好

後來，葉子不堪負荷，請辭離開了。臨走前，她說想單獨請我吃飯。

那天，陽光很好，風靜悄悄的。

葉子穿了粉白色的連身裙，整個人看起來神清氣爽許多。此前連續幾個月的加班，導致她精神狀態差，氣色也不好。

席間，她對我說：「其實我不想辭職的。這份工作不錯，工作也不太忙，還能多出時間看書寫字，和同事們也都混熟了。可是現在，卻讓生活變得那麼累。」

我安慰她說沒關係，以後到別的公司要認真工作，慢慢地生活就會重新美好起來。

很多人認為生活比較重要，工作是為了生活，所以工作期間會時不時地混水摸魚，好讓自己不那麼疲累，覺得付出較多的心力也不能保證每個月的薪水能有漲幅，所以輕鬆過關就好。

然而，他們忘記了，工作也是生活的一部分，而且是很重要的一部分。工作沒做好，生活的品質也就不會好，畢竟我們大多不是富二代，沒有富有的爸爸可以仰仗。

另一個相反的案例則讓我感受頗深。

麗莎最近打算重新找工作，於是開始對鏡梳妝。其實她已經很美了，穿著也足夠得體了。

幾位朋友都覺得麗莎的面試裝扮已經相當完美了，沒必要再多加修飾。可是麗莎對著鏡子皺起了眉頭，幽幽地甩出了一句：「我總覺得哪裡不對勁……」

麗莎是這群朋友裡最「講究」的，從衣服的材質、價格到整體搭配，她都很講究，甚至還曾專門為了一件上衣，臨時上街購買相稱的飾品。

「只不過是面試而已，妳何必如此大張旗鼓？」朋友們這樣對她說。可是麗莎偏偏不聽，在面試的前一天，還專門去最時髦的服裝店挑選衣服。

其實，麗莎要面試的公司並不是什麼國內首屈一指的大企業，只是一間勉強說得過去的公關公司罷了。

除了面子上的不將就，麗莎對裡子也十分在意。接到這份面試通知時，她就開始整理、研究關於這間公司的相關資訊，甚至為了應徵的職務寫了一份行銷方案，準備面試時交給對方。

最後，麗莎當天就被錄取了。

回來後，麗莎還得意地告訴我們：「你們知道嗎？最後一個環節是老闆親自面試，她一進門，我就注意到了她腳上那雙氣質不凡的鞋子，和我腳上穿的是同一品牌，不過她的自然貴上許多。」

「結果，老闆也注意到了這點，還高興地表示很滿意員工和她保有同樣的眼光，真是英雄所見略同。甚至還特別送了我這品牌的購物禮券呢！」說著，她從包包裡拿出一張精緻的禮券。

就是這份不將就，讓麗莎得到夢寐以求的工作，也讓她開啟了全新的生活。

從此以後，我明白了一個道理——要做，就要做最好的！

你不將就生活，生活才會給你相對的回應，這是一種生活態度。就像麗莎喜歡穿潮流名牌，並不只是貪那品牌的名聲，而是她享受這些物質帶給她的高貴舒適感。

你仔細觀察便會發現，那些說要省錢而縮衣節食的人，其實到最後也沒存多少錢，更沒有花什麼錢將生活打理好。起碼，女孩子好好地打扮自己，也不是件壞事。

如麗莎這般，對生活有高要求的人，才是真正懂得享受生活的人，因為她會為了得到那些而不停地鞭策自己努力。

當你腳下穿著一雙價格昂貴的鞋子，當它彰顯出你的氣質非凡，還令你的身心靈都感到非常舒適時，你自然能體會到這精神的可貴。

「將就」意味著隨便，也意味著放棄對理想的堅持。對工作將就，會使你丟掉工作；對生活將就，會使你脫離生活；對愛情將就，會使你這一輩子都得不到真愛。

所以，人沒必要活在將就裡，應該有原則地對一切有要求，讓自己活出獨一無二的精緻人生。

走出舒適圈，才能遇見更寬廣的天地

只有取悅了自己，才能取悅生活。

人不能在屋子裡待太久，儘管屋子裡面有舒適的沙發、有可以讓你一覺到天亮的暖床、有好看爆笑的電視節目——可是，人在屋裡宅久了，精神只會越來越萎靡。

現實中，很多人喜歡在屋裡待著，因為屋子之外，不是他們的舒適圈。

那扇小小的房門，就好像一道密不透風的高牆，給人安全感、給人隱密感。在屋子裡面，可以卸下防備而隨心所欲，因為那是屬於自己的空間。

不知你是否察覺，成年以後，你的大多數行為都有跡可循：你會去常常光顧的便利商

店買東西；你會吃同一家餐廳的飯菜；你會挑款式、材質都差不多的衣服；你甚至會愛上與前男友很相似的男人。

所以，才有那經典的人生哲理：一個人的一輩子有三萬多天，你是別出心裁地活這三萬多天，還是一成不變地把三萬多天活成同一天呢？

很多人不敢甚至不屑走出所謂的舒適圈，認為外面充滿危險，又或者對外面根本不好奇而沒什麼興趣。但是人生在世，你不去走走其他的路，又怎能看到不一樣的風景、體驗不一樣的生活呢？

某個知名網站曾做過一項調查，徵求讀者感興趣的學習領域，並標明自己的專業領域。

活動結果出來後，竟有高達百分之七十的人選擇學習自己專業領域的理由是因為想要更精進自己；有百分之十的人表示學習什麼都可以、都無所謂。顯而易見，只有那百分之二十的人願意去選擇學習、挑戰一些新鮮事物。

這個結果讓我印象深刻。

想想，小時候的我們是不是對任何事物都充滿好奇？無論是周圍的花草樹木，還是鄰居玩伴的新衣服。正是那份好奇，讓我們變得可愛也充滿活力，可是為什麼隨著年紀的增長，我們卻漸漸對周遭事物不再保有熱情了呢？

真正懂得生活的人，除了願意精進自己的興趣、專業，更會騰出一部分時間去了解生活的各方各面。

的確，生活很難，想要靠自己赤手空拳，在外面的世界掙出一磚一瓦，確實不容易。好似每個人都替自己感覺委屈，但為什麼還是有些人不但能擁有眼前的生活，還能擁有詩意和遠方呢？

我想，對待生活最好的態度應該如羅曼．羅蘭所言的「世界上只有一種真正的英雄主義，那就是看清生活的真相後依然熱愛生活」，也如同許巍在〈生活不止眼前的苟且〉中唱的那句「你赤手空拳來到人世間，為找到那片海不顧一切」。

人活著就應該奮鬥，沒有道理也沒有理由沉淪和放棄，那種每天什麼都不用做就能得到一切的生活究竟還有什麼意義？恐怕到老的時候，也只是守著一堆空虛乏味的回憶罷了。

何況，我們正值盛年！

記得一位長輩曾對我說：「不要去有路的地方，要去那些還沒有路的地方，並留下你的足跡。」年幼的我，對這些話並不是很能理解，直到長大以後才漸漸領悟了它的含義。

最近，在通訊軟體的群組裡偶遇了兩年前來北京打工而認識的朋友小霞，我問她現在在忙些什麼，她說自己目前在一間日商公司做翻譯，表現好的話興許可以留下來。

我衷心地祝福她，內心也充滿了羨慕。

記得第一次認識小霞的時候，她才剛來北京一個月。人生地不熟，但她臉上沒有一絲惶恐，而是懷著一雙充滿堅定的眼神。

她不急著找工作，反而時常一個人去各大博物館看展覽，甚至還去學日文。

我那時好奇地問她：「妳一點都不擔心生計問題嗎？」

小霞淡然地笑了笑說：「這個城市太大、太美，我要先花一段時間跟它好好地介紹我自己。」

她在大學讀的並不是語言科系，而是資料處理。她是到了北京後，才開始接觸日文，然後開始有系統地學習。

小霞對每個地方、每個人都懷抱著高度的熱情，如果遇到聊得來的人，就會毫不猶豫地對對方說：「一起走吧！」她整個人鮮活而充滿生命力，從沒有因為過分擔憂生活而讓自己隨便找份工作安頓，反而認真且執意地要在這座城市烙上自己的印記。

我不知道完美的生活應該要是什麼樣子，但至少她可以突顯你的主張、你的心意，展現你的想法、你的模樣。就像布置自己的房間一樣，牆壁要用什麼顏色、沙發用選哪種款式，是要買圓桌還是方桌……

其實，所有的生活方式到最後還是取決於自己是否感到舒適，因為你只有取悅了自己，才能取悅生活。

道理很簡單，可是實踐起來卻有太多阻礙，很多人幾乎都活在既定的圈圈內。

時間是最大的敵人，就算你自己樂得清閒，也總有人想替你打算。有人選擇安穩度日，有人選擇披荊斬棘——但不管怎樣，如果你感覺到自己的生活已經失去了新鮮感，別忘了，這世上還有「少有人走的路」，偶爾換條路、換個風景，也很不錯的。

在屋裡待太久了，就出來曬曬太陽吧！

焦慮不等於努力

焦慮只是一種落後意識的覺醒，
並不代表你很努力。

不知從何時開始，我們的世界變得焦躁，周遭的人總是蠢蠢欲動。

或許是網路科技越來越發達，人們想要獲知各種訊息也越來越容易。於是想起了那個「坐井觀天」的故事，想像著——假設這隻青蛙跳到了井外，牠看到了外面的世界，心態又會發生怎樣的改變？

或許，牠看見河的對岸有隻住在更漂亮豪華房子中的青蛙，還有著三個可愛的孩子。

或者，牠看到別的青蛙都成群結隊地聚在一起，有家人、朋友，大家說說笑笑，好不熱鬧，只有牠形單影隻，顯得格外淒涼。

又或者，有隻青蛙穿著帥氣、風光體面地從蛙群中走過，馬上吸引了成千上萬目光的注視——相比之下，自己寒酸、土氣、少見多怪，無一不把牠的檔次拉低。

然後，牠回到了井裡，開始抑鬱、焦慮，每天茶不思、飯不想，只是不斷思考：到底該怎麼做才能讓自己也擁有那樣的生活？

小青蛙很想努力，卻一直感到焦慮；牠很想前進，可是焦慮的狀態讓牠舉步維艱。

漸漸地，牠悲哀地發現，出去了一次之後，牠的生活不但沒有多大起色，甚至還倒扣了幾分……

生活中，很多人其實都是這隻可憐的「小青蛙」，只是人們往往渾然未覺，甚至認為這表示自己有上進心。但焦慮這種負面情緒，真的沒什麼積極作用。

昨晚，一名即將畢業的大學生十萬火急地在群組裡拋問題：「請問哪間出版社有招募實習編輯？本人可以不要一分工資，只求能有前輩傳授經驗，大恩大德，感激不盡！」

半個小時過去了，群組裡訊息量爆增，很多人以過來人的身份嘲笑著這位準備闖蕩社會的小夥子——「要是你真有實力，哪會怕公司不發你薪水？」、「讀書讀到傻了嗎？人家公司用你是看你能否給出實質效益，怎可能還像做公益免費栽培你？」……

那個大學生回覆：「我是真心的，哪位大神幫幫我吧！線上等。」

看的出來，他很焦慮，或許是怕畢業時找不到實習的機會，也或許是害怕自己會被同學們比下去。

不管怎樣，他貌似著急，但是，有時間在線上「等」，卻不踏實地想辦法解決問題。

我想起某天有個學弟私下傳給我的訊息：「學姐，您好，關注您一段時間了。我是個畢業兩年的上班族，眼看同學們都混得風生水起、更上層樓，我卻仍然陷在原地，沒有任何進步，甚至一些原來根基比我差的同學都月薪四、五萬了……這讓我很想找個地洞鑽進去。我該怎麼辦呢？請您為我指點一下迷津吧！」

其實我懂這些人的焦慮。曾幾何時，我也是如此的迷惘，一邊羨慕別人的繁華，一邊惋惜自己的寂寥。

很長一段時間，滑著朋友的最新動態，總會看到某某某換了新工作、誰誰誰又買了新車，甚至還有那個誰出版了一部暢銷小說……

看著這些消息，我越來越不敢公開說話，覺得自己在這些人中根本沒什麼分量，我說再多都像是廢話。

後來我決定不再一邊擔心受怕、一邊傻傻地私下比較——這樣只會讓自己更焦慮。

回頭分析這兩位少年的困惑，這恐怕是任何一位有志青年都會有的問題。

要知道，焦慮並不代表你就一定會朝著明朗的方向前進，而你的焦慮恰恰是因為驚覺到自己與別人確實存在某種差距，卻妄想尋找一條便利的捷徑，想儘早、儘快地追趕上。

這種心願通常很難達成，因為它懷有投機取巧的念頭。

真正的努力，是先把自己躁動的心冷靜下來，然後對想完成的事情有清晰明朗的認知並進行規劃，每天認真實踐，至於結果如何，就交給時間來驗證。

曾經，我身邊也有一些朋友，生活得很壓抑、很焦慮。久而久之，部分人的身體都開始受不良情緒的影響，變得越來越脆弱。

後來，他們意識到不能這麼任由情緒牽動自己，轉而嘗試摸索出能讓自己快樂的方法。

有人去上瑜伽課程，有人則拾起扔下多年的畫筆，有人開始學彈吉他，還有人跳起了印度舞。幾個月後，我的動態牆變得五彩繽紛，每個人都曬出了自己豐富的日常。

可見，焦慮的出現並不全然是件壞事，甚至可以成為讓我們做出改變的契機。

只要你有雙「懂得發現」的眼睛，有顆「願意行動」的決心，就一定能夠朝著更加完美的生活邁進。

其實，我們早在孩提時期，就已經開始對這個世界進行各種探索了，只不過那時候年紀尚小，加上身邊有師長的指導，很多基本的生活問題都能輕鬆地獲得答案。

然而，人們真正的探索，是從學校畢業、邁入社會後才開始的。這時，你的身邊再沒有別人，正如知名作家張德芬所說：「親愛的，外面沒有別人！」

對未知一切的探知，自始至終只會有你一個人，成也是你，敗也是你。因為問題太多，差距太遠，世界變化又太快，當我們沒有足夠的信心來面對這一切時，就會產生焦慮。

希望你能意識到，焦慮如果被正確地看待，就會變成一件好事。而焦慮本身，並不代表你在努力，更多的，只是展現出你對未來的恐懼，進而擾亂你的生活，徹底將你變成軟弱的孩子。

我常聽那些焦慮的人說：「我好後悔自己虛度了很多美好的時光。」、「要是能認真為自己做件真正喜歡的事就好了。」

可是，解決問題的辦法也正在這裡啊！

世界上最無用的事情之一就是後悔，不管你怎樣懊惱悔恨，過去已逝、已不可追。當下就是真正美好的時光，從今天開始，珍惜每個當下就好了；過去沒有完成自己的興趣，那麼就從今天開始，一點一滴地補回來並用心練習就可以了，這麼一想，心情自然能平靜許多。

焦慮，也會讓人對於自己所做的事缺乏十足把握。

比如，知道明天公司要舉辦一場重要的發佈會，而你正是這場會議的總籌。或許是心理壓力太大，還沒開始工作，你就想了很多問題來嚇唬自己：「萬一嘉賓在發佈會現場拒絕回答記者問題怎麼辦？」、「萬一哪裡做做了，導致發佈會大亂怎麼辦？」……

什麼都沒開始，為什麼要先給自己挖坑？

把一切都準備妥當不就沒事了嗎？就算臨時出現一些難以預料的狀況，也得要冷靜處理，焦慮只會讓人更手足無措、手忙腳亂。

當你覺得，任何一件事情離開了自己就無法運轉，這就意味著——你出問題了。

事實上，沒有任何事情離開你就會無法運轉，如果真是如此，那所有人都不用睡覺了？因為天下都要大亂了……

仔細一想，你的焦慮真的有必要嗎？會不會那只是一種你故意想做給別人看的假象？好讓你偽裝成一種很努力、很緊張的模樣，騙人之外，甚至還騙到自己，好似特別令人感動。

如果你稍做點觀察，就會發現那些擁有充實生活又工作快樂的人，晚上都會睡得香甜。

焦慮只是一種落後意識的覺醒，並不代表你很努力。開始行動，腳踏實地地走好你人生路上的每一步，才能真正過好你的現實生活。

別對人生太苛刻，給自己犯錯的機會

原諒別人是一種豁達，
原諒自己是一種釋懷。

古人有言：「人非聖賢，孰能無過。」意思就是，即便是聖賢也有說錯話、做錯事的時候。做人嘛！本就不用給自己過多的壓力。

一個人如果太過糾結，總想著不能犯錯，或是犯錯之後心情總是很沉重，總想得到別人的諒解，那麼他的人生也會變得沉重，生活更會感覺煎熬、壓抑。

仔細想想，誰沒有犯過錯呢？

可能你小時候頑皮地砸破了鄰居家的玻璃；也可能跟同學打架時把對方眼睛打腫了；

更可能你曾經偷了父母的錢去買好吃的零食；甚至是你在年少無知的歲月中仗勢著別人喜歡自己而傷透了別人的心。

哪怕日後你了解到自己當時有多可惡、多不可原諒，也請你別太自責而為難自己。

電影《催眠大師》裡說：「沒有人能夠原諒你，只有你能原諒自己。」對曾經給別人造成的傷害，你現在再懺悔也產生不了多大的意義。

況且大部分人在受到傷害以後，也不會想和傷害過自己的主體再有任何聯繫。對他們來說，你就像那咬了手指的蛇一樣，他們對你始終是害怕、畏懼的，你想要再跟他們接近其實並不容易。

生活中難免會與人碰撞，有碰撞就難免會造成傷害。我們都該豁達一些，學著原諒別人對自己犯下的錯誤，更要學著接受自己對別人犯下的錯誤。

原諒別人是一種豁達，原諒自己是一種釋懷。而一個人能原諒自己，是種強大的能力，畢竟誰也不願意背負著沉重和失落，走完自己的一生。

你不肯原諒，可能是因為仇恨的種子已在心間發芽，也可能是出於自身觀點的狹隘或自卑而放不下面子。

其實，一切都能海闊天空的，當你真正跳脫出來，才能給心靈插上一雙飛翔的翅膀，才能看到更寬更廣的悠悠天地。

電影《一代宗師》中講「見自己，見天地，見眾生。」世間所有的一切，不過是萬物在自己心中的鏡射呈現，這就是為什麼所有大師到最後都在講修心的原因。

唯有你的心安寧了，你的世界才會安寧。

而不原諒別人又會給自己帶來哪些困擾呢？結果是顯而易見的——斤斤計較著別人的過錯，只會令自己痛苦、難過，日復一日地陷入、沉淪而不得解脫。

靜下心來想想，真的有必要嗎？生命匆匆數十載，可以做的美好事情那麼多，為什麼非要浪費時間糾結在讓自己痛苦的事情上呢？

學會原諒吧！

記得第一次看電影《新警察故事》時，很受感動。

電影中陳國榮（成龍飾）因為一次的失誤，導致整個團隊除他以外全部喪生，其中還包括了他未婚妻的胞弟。

為此，陳國榮一直不能原諒自己的失職，辭掉員警的職務，終日酗酒，時常醉倒街頭，連午夜夢迴都覺得那幫慘死的兄弟們要來跟他討債。

後來，鄭小鋒（謝霆鋒飾）出現了，他幼年時受陳國榮的幫助，一直很崇拜員警，渴望自己也能成為正義的化身。一天，他的夢想終於有機會可以成真了，他在路上遇見自己的偶像，並把酒醉不醒的陳國榮抬回家。

為了讓陳國榮再度振作，也為了滿足自己的心願，鄭小鋒冒稱是上司委派給陳國榮的新拍檔，逼他復職並追查「超級罪犯」一案。

就這樣，憑藉著矇騙的功夫，鄭小鋒化身為青年探員，有模有樣地和陳國榮一起走進警局，成了陳國榮的搭檔，與他一起追查殺人狂徒。

最後，在鄭小鋒的鼓勵下，陳國榮終於選擇原諒自己，重新振作，幫死去的兄弟報仇雪恨，破獲了背後的神秘組織。

還有另一件關於原諒的事。

民國初年，軍閥割據時期，一位高僧受某大帥邀請，前去府邸赴宴。

席間，高僧剛一入座，就發現滿桌精緻的佳味裡，竟有一塊豬肉若隱若現地藏在一盤菜肴中。此時，他的徒弟也看到了這塊肉，便用筷子故意將肉翻了出來，想讓大帥看到。

然而，這行為被高僧及時制止了，他輕聲地對徒弟說：「如果你敢再把肉翻出來，我就把它吃掉。」

徒弟聽了，只好乖乖坐著不動。

宴席結束後，高僧帶著徒弟辭別了大師。在回寺院的途中，徒弟開口問道：「師父，剛才我把肉翻出來就是為了讓大師能看到，他才會知道他的下人待客不周，回去好懲罰他的廚師。」

高僧聽了，笑著對徒弟說：「每個人都會犯錯，無論是有心還是無意，你又何必太過糾結呢？再說，大師脾氣暴躁，若他真的遷怒於廚師，說不定會在我們走後直接將廚師槍斃。這是我所不願看到的，要是如此，我寧願把肉吃下去。」

聽了師父的答覆，徒弟才領悟到其中的真諦，不由得點了點頭。

當你身邊有人犯錯時，請你給他一些機會，讓他在改正錯誤中更快地成長。

當你自己犯錯時，也請你給自己機會，讓自己學著釋懷，讓世界不再那樣黑暗，幫自己重新振作起來，給自己重新面對世界的勇氣，好好地生活下去。

第二章

你可以飛得更高
別讓懶惰害了你

多少原本該美好的生活，到頭來都是輸給了懶惰

懶人不會失敗，
因為他們從不為成功而努力，更不關心結果。

以前，我以為一個人一生能走過多少地方、讀過多少書，是由他口袋裡的錢來決定的。後來我發現，其實這一切大體上是由他是否勤奮來決定的。

「懶」字毀終身，多少原本應該美好的生活，到頭來都是敗在這個字下。

或許，你還沒體會到「懶」的毀滅性，下面我來告訴大家兩則小故事：

從前，有位居住在偏遠小村莊裡的農夫，他家很窮，只有一塊很小的田地，為此，他將其視為珍寶，恨不得能用性命去愛惜。

有一年，因為氣候問題，農夫雖然很認真地耕種卻沒有多少收成。到了第二年春耕，家裡只剩下一小袋的種子。播種的那天，天剛亮，他就從床上爬起來立刻到田裡耕耘。

正午時分，太陽火辣辣地曬著農夫的背脊，他感到一陣燥熱，心想，正好到了午飯時間，不如在一旁的大樹下乘涼，休息一會兒。

就在他靠樹坐下的那一刻，種子突然從袋子裡灑了出來。農夫看了，立即彎腰撿拾，一邊撿、一邊歎氣，心疼不已。

為了拾回灑落的種子，農夫拿起鋤頭挖開這棵樹的樹根。天氣越來越熱，汗水順著他的臉頰流淌下來，但他絲毫沒有停止的意思。

忽然，「噹」的一聲，他的鋤頭似乎是碰到了埋在樹下的東西。他又繼續挖了一會兒，看到泥土中露出了一個黃色的盒子。農夫沒有加以理會，直到他找回了丟失的所有種子後，他才想到那個黃色的盒子。

然而，當他打開盒子的瞬間，整個人都驚呆了。只見裡頭裝滿金燦燦的黃金，足夠讓他過一輩子了。

不過，農夫卻像什麼事都沒發生一樣，依舊守著自己的田地，辛勤地耕作著。

村裡很多人知道了這件事，紛紛提出質疑：「你已經有那麼多的黃金，為什麼還要如此奮力地耕種這幾畝地呢？」

農夫聽完，笑著說：「不錯，雖然我很幸運，但若沒有辛勤勞動、珍惜果實，我又怎麼可能得到這般幸運？」只見那些人全都慚愧地低下頭，再也沒有任何異議。

這故事告訴大家：只有辛勤的勞動，才能獲得意外的收穫。而懶散的人，自然無法從中獲得回報。

第二則故事的主角是兩隻青蛙，牠們一黃一綠，共同生活在美麗的池塘邊。綠青蛙很勤快，經常去稻田裡捕蟲吃；黃青蛙卻很懶惰，每天只會趴在馬路上曬太陽。

一天，當黃青蛙正在草叢中呼呼大睡時，突然聽到有人在叫牠，睜開眼睛一看，原來

是那隻綠青蛙。綠青蛙對黃青蛙說：「你待在這裡太危險了，快搬到我那裡吧！」

黃青蛙不以為然：「這裡有蟲子吃，還能舒舒服服地曬太陽，我為什麼要搬去你那裡呢？」

綠青蛙本還想再多說些什麼，卻見黃青蛙閉上雙眼，自顧自地睡了起來，於是綠青蛙搖搖頭，無可奈何地離開了。

幾天後，一輛馬車經過黃青蛙睡覺的地方，「啪」的一下就把牠當場輾斃了。

試想，如果黃青蛙願意勤快一些，搬到綠青蛙那裡，還會落得慘死喪命的下場嗎？

很多災難與不測其實都事出有因，或許是因為我們的懶惰，或許是因為我們的不良習慣。如果連舉手之勞的事都不願意做，可想而知，其他的事情又怎麼能順利達成呢？

何況人生，除卻生死大事，一個人一輩子裡還能遇上幾件大事？我們生活的日常，就是由柴米油鹽醬醋茶的小事所構成，唯有處理好這些小事，才能將生活過得安穩美好。

而懶惰正是成功和幸福的大敵。懶散的人，注定生活無序。

「沒有醜女人，只有懶女人」，你也可能見過不少明明長相不錯卻打扮隨便的女生，她們原有著不錯的先天條件，卻沒能展現出令人眼睛一亮的時尚品味；還有一些人，明明很聰明，卻因沒有盡全力而錯失取得應有成績的機會……

某位朋友想精進英文能力，有段時間不惜花費上萬元報名英語補習班。可是她只堅持了一個月就喊累，最終英文沒學成，還浪費了錢。

另一位朋友到了適婚年紀仍找不到好對象，每天說著今年一定要嫁出去，卻總懶得打理自己，以致於多年來都是土裡土氣的模樣。

還有位朋友整天嚷著要減肥，每年年終都許下了同樣的心願，但她每次都以各種藉口推託而不肯好好鍛鍊身體。

我覺得，你若能再勤快一點，你的世界將會更美好一些。而這世界所有的美好風景，絕不屬於那些懶散成性的人。甚至，很多時候，你的懶散也會帶給別人困擾。

一位朋友曾經很喜歡寫劇本，努力了好久，總算接到一個寫電影劇本的案子。

一開始，她每天把自己關在房間裡，只為了琢磨故事梗概、劇情發展以及人物設定，可是當她寫的劇本總被劇組推翻、重寫，她便開始不耐煩了。

終於，在離截稿日只剩半個月時，她私自決定放棄。

截稿日到了，導演沒有收到劇本，而她做為主要負責人，始終沒有給出解釋，只是一味地說累，最後劇組損失了近百萬元。

說真的，懶人不會失敗，因為他們從不想為了成功而努力，自然不會關心結果。就像上述這些朋友。

很多人一開始為自己樹立了偉大的目標，卻在過程中因為受到挫折就輕言放棄，甚至還試圖安慰自己「不是我懶，是目標真的太難」，然後就拖拖拉拉地放棄了。當別人問起，他們就會給自己找千百個理由來開脫，卻始終不肯承認這一切都是因為自己的懶惰。

當然，也會有人說：「我那麼努力又有什麼用呢？這個世界本來就不公平，我就算再努力，也拼不過那些富二代，那我還要努力什麼？」

可是為什麼一定要跟別人比呢？哪怕你的努力只是使你比過去的自己強了那麼一丁點，也算是你實實在在的進步，不是嗎？

對這種人，我想說的是，當你看別人平步青雲地站上山巔時，千萬不要去嫉妒，而應該感到慚愧，因為原本你也可以過上那樣的生活，只是因為你還不夠努力，只是因為你將懶散導致的結果歸咎到命運，而這樣的你，不過就是輸給懶散罷了。

記住，誰的成功都得來不易，想要過好的生活就需要靠雙手雙腳真真切切、踏踏實實地奮鬥爭取。

此時此刻，請你行動起來，而你將會距離想要的生活更近一些。

過好每一天，就是過好了這一生

三年後你將會在哪裡，是由你的現在決定。

如果你想要每天都過得踏實一些，不妨在每晚睡前問自己這個問題：「今天的我過得怎麼樣？」

世界上最接近於完美生活的，大概就是這種了——心甘情願且真正確實地度過了一天的時光。

心甘情願，是指你把時間都花在自己喜歡的事物上，和自己喜歡的人在一起做著自己喜歡的事；真正確實，則是指去處理好那些應當完成的任務，承擔起那些應當負責的責任。

這兩種方式，前者使人舒心，後者則叫人安心，兩者兼顧則能讓人心滿意足。

很多人無所事事，還有更多人從不肯滿足於現狀，總是希望能靠自己的雙手過上更好的生活。但其實，過好每一天，就是過好了這一生。

那麼，怎樣才能過好每一天呢？

首先，你得要求自己列出詳細的工作計畫、生活規劃，把急需解決的問題安排在前面。然後，請把每一天都過得充實，那你就能把整個人生都過得踏實，說不定還能因此帶來意外的驚喜！

同學亞平一直懷抱著歌手夢，可是她相貌平平，一點也不出眾，所以大家對她的夢想一直不以為然，甚至還有點冷嘲熱諷。

每當學校舉辦晚會時，亞平都很積極參與。她總是花很長的時間在宿舍裡興致高昂地反覆練習舞蹈，也會在暮色時分的校園裡縱情歌唱。

就這一次，亞平從舞臺後款款走出，她才開口唱第一句，大家都感到出乎意料，並深受震撼，人們紛紛發出讚嘆：「咦！這是她唱的嗎？怎麼進步了那麼多！」

原來，那段時間她用攢了整整半年的錢，報名一個聲樂培訓班，拚命地跟著老師上了好幾個星期的課程，課後也時常勤奮地練習。

那些曾經被我們嘲笑的夢想，有一天竟然真的綻放出了光芒！

在那之後，亞平成為學校晚會表演的常客。畢業後，她憑藉著豐富的舞臺表演經驗和獨特又有韻味的嗓音，被一間唱片公司簽下而成了歌手。

這消息傳開後，幾乎沒人相信這是真的。然而，老師表示：「她每天都在朝著夢想努力，她真心誠意地去對待每一天，所以這是應得的回報。」

談到「夢想」這詞，我不知道有多少人會笑出來，或者有多少人會默默地低下頭，一言不發。

這是個夢想氾濫的時代，多少選手在選秀節目裡狂飆眼淚，說自己之所以能夠堅持到今天，是因為仍堅持著當初的夢想……

大多數時間，我並不討厭這種拿夢想作秀的做法，甚至還會被其中的某些人所感動。感動的原因不外乎，我們在臺上看他們聊夢想或許只是短短的幾分鐘，但為了這幾分鐘，臺下的他們究竟付出多少勇氣和時間去堅持維繫心中的執念？

一名歌手的每一天，大多是進錄音室、作曲、寫詞，與樂隊老師們琢磨、討論著如何淋漓盡致地表現歌曲；一名作家的每一天，大多是俯首埋頭，對著電腦劈哩啪啦地打字，跟編輯商量書籍的架構、精神等；一名演員的一天，大多是背臺詞、在一次次排練中精進演技，與導演磨合、商議，然後再配合宣傳活動……

事情沒有我們想的那麼簡單，但也沒我們想的那麼複雜，所謂夢想，也不可能是一天就能實現的。

你很羨慕各行各業裡的領頭羊，渴望自己有朝一日也能變得強大，跟對方坐著喝咖啡，聊合作計畫。可是，在那之前，你必須先把自己的每一天都過得極致，因為，過好每

一天，就是過好了這一生。

哪怕再卑微渺小的夢想，只要你肯付出努力，都有值得老天幫你的原因。

我身邊有那些對未來懷抱詳細規劃、一分一毫都不出錯、每一步都要「快狠準」而使命必達的人；也有那種對未來沒有太多想法、覺得有份穩定工作就可以的人。只是穩定其實也不是那麼好辦到的。

這個世代風起雲湧、人才輩出，這一刻你不努力，下一刻就可能被別人所代替。所以，不管你嚮往精益求精還是穩定安逸，做事都必須認真謹慎。

想在未來大展鴻圖，就得先從腳下的每一步走起。一滴水可以匯聚成河，一條河可以匯聚成海，人生少有永遠滿足的成功，只有永不停歇地向前奔流的生活。

三年後你將會在哪裡，是由你的現在決定。

成功從來不是一蹴而就的。你如何度過自己的每一天，都預示著未來將會以怎樣的姿態展現在你的面前。

一個每天無所事事的人幾乎不可能會飛黃騰達，就算去買樂透，也需要風雨無阻地堅持買下去。而一個把每天都當成是生命中最後一天去努力奮鬥的人，不管過程多麼艱難，終將收穫豐富充盈的人生。

著名主持人董卿曾說：「每一天，都不該草率地度過，只要心還在，就不會在乎過程是多麼煎熬。」就憑藉著這道理，把每一天都過得充實而令自己滿意吧！

從現在開始為自己制訂計畫吧！踏實、有活力地去迎接生命中的每一天。

沒準備的人生，注定要與成功擦肩而過

你以應付的姿態對待公司，
其實你是在應付自己。

這個世界，大多數時候還是很公平的。

雖然你沒有出生在富裕的家庭，但卻四肢健全、頭腦聰敏；雖然你目前沒有一份很有前途的工作，但你還有一顆追求成功、永不停止奮鬥的心。

倘若每個人都能看到並且珍視自己所擁有的美好，那麼生活中或許會減少許多無謂的抱怨。

與其抱怨，還不如好好地琢磨自己，迎接任何可能翻盤的機會——對於準備好的人來說，上天沒有不垂青的理由。

以前看過一個很有深意的話題——畢業三到五年間，將會拉開與同儕的差距。為什麼會有這樣的說法？因為三到五年的時間，可以讓大部分的畢業生認清自己想做什麼、能做什麼，並在自己的領域奮鬥出一點成績。

我同屆的同學在畢業幾年後，有些人已經在世界前五百大企業中擔任要職，年薪上百萬；有些人則在公家機關上班，工作清閒，只想圖個穩定，月薪僅三萬元；還有些人無所事事，毫無生活目標，每次同學會都在抱怨，然後永遠發愁著說不知道自己想做什麼。

為什麼差距會這麼大呢？

第一類人，因為明確知曉自己的目標、清楚自己想要從事的職業，已做好準備，肯付出努力也肯拼命學習。這樣的人最有機會成為未來的成功人士，他們有狼一般的精神，目標堅定，追求卓越，並懂得根據實際情況調整自己達成目標的計畫，還能承受過程中會遇到的各種壓力和挫折。

第二種人，似乎也有既定的目標——想要安穩的人生，所以在畢業後選擇報考公務員，也積極地尋求能夠進入公家機關的途徑與方法。

而第三種人，明明畢業時與同學們在同一起跑線上，卻因為不懂得思考未來，樹立好個人目標，白白地荒廢了青春。

人們總愛說：「本來那個位置是我的，只是我今天晚來了一點，所以才……」人們也愛說：「本來我是會的，可是太長時間沒有練習，今天一緊張就失敗了……」人們還愛說：「以後我一定……」

其實，並不是這些藉口導致了你今日的失敗，而是此前你一直沒有做好準備，而無準備的人生注定要與成功擦肩而過！

羽毛球運動員林丹起初在隊裡不被教練看好，甚至在多次重要的比賽中都只是候補隊員。

可是林丹不為此灰心，反而抓緊時間拼命練習。雖然他不知道何時才能輪到自己上場，但他認為——有天要向世人展現出自己最完美的狀態和最優異的成績，但凡只有一次機會！

後來他真的辦到了，正是那場漂亮的比賽，奠定了他如今的輝煌地位。

機會是留給準備好的人的。

當你為了一件小事永無休止地替自己洗白、辯解，還不如把時間拿去好好去修練、提升自己的專業技能，在必要時好獲得滿堂彩。

一次在公車上，我無意間聽到兩個年紀相仿的女生在聊天。

一個女生愁眉不展地向對方抱怨自己就這麼錯失了主管的職位，她理由充分、滿臉委屈地說：「要不是去外地出差了幾天，主管的位置早就是我的了，憑什麼那個誰就能升職啊？明明我工作就更努力……」

眼見她的同事不回話，我忍不住在心裡暗想：「說不定老闆就是怕你搗亂，所以那幾

天才把你派去出差……」

雖然，我並不知曉事情的具體經過，可我想，老闆一定清楚誰更適合做主管。眼前這位女孩抱怨而喋喋不休的模樣，我猜她工作時也很愛埋怨，可是，時間寶貴，誰會有那麼多心情和時間聽你抱怨呢？

身邊總有一些人，一邊在壓力不大的工作環境下，每個月悠哉地拿著固定薪水，一邊又向周遭的人喋喋不休地抱怨公司沒有發展前景。倘若你真的想走，天高任鳥飛，海闊憑魚躍，外面的世界大得很，你完全可以選擇一個能充分展現個人價值的地方。

還有一群人，日復一日地做著同樣的工作，主管沒交付任務就逛網拍、滑手機跟朋友聊天，幾年後開始抱怨：做了這麼多年，薪水一分都不漲，這種公司還讓人怎麼待啊？殊不知你以應付的姿態對待公司，其實你是在應付自己。

機會永遠是給那些有準備的人的。

臺上一分鐘，臺下十年功。那些在臺上說相聲的人，為了抖一個包袱，在臺下勤學苦練了千百回；那些希望給大家呈現優秀作品的演員們，臺下吊鋼索、背臺詞，夏日頂著高溫拍戲，冬天發抖著咬牙趕戲，吃了常人難以想像的苦頭。有時因為錯失機會，而帶來職業生涯的突變。

對演員來說，每每得到獎盃，就象徵著離心中完美的自己更近了一些，也讓攻擊自己的人少了一點挖苦自己的把柄。

很多人在打擊、諷刺別人的時候，都會經常說「有本事你就……」這類的話。可是，如果平時做足準備和練習，機會來臨時，自然會脫穎而出。

機會只有一次，就看你能不能把握住。如果當其他人拼命學習新技術的時候，你在打電動；當其他人週末忙著充實自己的時候，你則捧著爆米花看電影；當其他人在會議上針對主管的質疑提出真知灼見時，你卻犯睏偷懶、只想落跑，那麼機會注定與你擦肩而過，成功也注定離你遠去。

從來就沒有什麼天生的幸運，一切全都是憑藉那些日復一日、年復一年的耕耘與努力。就算世上真有些不入世的天才，那也與大多數人無關。

近日，我看了《最強大腦》中日對抗賽，其中，王昱珩和陳冉冉的表現格外突出，對他們稱讚之餘，也看到了他們在臺下的魔鬼式訓練究竟有多艱辛。

陳冉冉從七歲開始學習珠算，通過珠心算相關學院的特招考試後，十餘年來，她每天都要進行一個多小時的專業訓練，每晚要做三百多道運算題目，因而練就出「神算」的本領。

王昱珩雖有「鬼眼之才」的稱號，但早年右眼因外傷導致瞳孔無法像正常人般對焦而失去近三分之二的視力。與別國選手進行比賽時，可謂頂著巨大的壓力，但最終他還是成功保住了隊伍的成績，這成果來自於那些頂著高壓辛苦練習的過去。

沒有那麼多的機會是專程為你而來的，下一次如果又失敗了，別再用如此蹩腳的理由來欺騙別人、安慰自己。其實你自己心裡最清楚——你，並不是缺少機會，你缺少的是一顆為了機會而時時刻刻努力奮鬥的心。

選擇更艱難的一條路

腳下的路，永遠都是自己走出來的，
沒有任何人逼你。

平時我很喜歡看電影、電視劇，尤其愛看美國電視劇。在美劇《陰屍路》中，隊長瑞克對他的兒子說：「如果你要選擇一條路去走，那麼就選最難的那一條。」

當時還以為是這位老兄故意在耍帥。後來，我在生活中遇到了類似的問題後，才明白——但凡強者，都會選擇更艱難的一條路。

那一次，我的好友阿牛跟我聊到關於「選擇」的問題，具體而言是這樣的：他所在的公司最近正在招聘技術人員，他很想試一試。但他有所顧慮，因為擔任業務已兩年多，業績一直都不錯，而技術工作雖然是自己一直很有興趣的，卻很久沒接觸了。

他擔心要是貿然嘗試，如果選上了，就等於要白白放棄這兩年所積累的業務資源；如果沒選上，在其他同事和主管面前會很沒面子。不甘心放棄心中熱愛的專業，阿牛就想請我幫他出主意。

我很簡單地跟他說了我的想法，提醒他最後還是得靠他自己決定。

我的想法很簡單，我認為他應該去應聘技術人員的工作。因為在這種情況，人但凡心生想法就表示他對那事物有牽掛、有興趣，如果沒有嘗試就放棄，就等於未戰先敗，那麼一定會在心裡形成疙瘩，阻礙了往後的生活。

既然是自己喜歡的，就值得一試，失敗了就當成是教訓，你仍然可以繼續做業務工作，或者利用業餘時間充實更多相關知識；若是成功，那不就可以從事自己真正喜歡的工作。至於業務資源，未來從事技術工作時說不定還有機會能用上，或者就當做無私奉獻給公司也可以。

做人，其實不需要那麼糾結，要知道，糾結的時間越久，生活越容易陷入混亂。

我曉得，很多人一定都經歷過這種無助的迷茫，就像站在十字路口，沒有方向，或是方向很多卻不知道該選哪條路走。

第一種很簡單，就是找到自己有興趣的事物，為人生樹立目標；第二種就是選擇比較難走的那條路，因為簡單的路太沒挑戰性了。

一個男生先是喜歡上了A，後來又喜歡上了B，他在兩個女孩中猶豫不決，不知道該選擇誰，於是徵詢了朋友的意見。

朋友跟他說：「選B吧！如果你夠喜歡A的話，也不會有B的出現。」

同理，如果我的朋友阿牛要是夠喜歡他現在的業務工作，就不會對技術單位的工作產生轉職念頭了。

因為心裡有欲望，所以才會有煩惱。而選擇更難的那條路，就是消除欲望的最好辦法。

我也明白，人性通常趨向選擇容易的道路，因為好走的路可以讓我們免遭苦難、免受挫折，能夠較輕鬆地獲得想擁有的一切。

然而，世上沒有哪條路是真正輕鬆簡單好走的，就算你選了相對容易的路，到最後也不一定能贏得全盤勝利，反而早已丟失了身為勇者應具有的風範。

想想日常生活中的情景，花便宜的錢卻吃到難吃的餐點，你會是什麼心情？大多數人的想法一定是：還不如多花一點錢，去買真正想吃的！

對，就是這樣。相對輕鬆的付出，注定不會得到豐厚的回饋。

選擇比較困難的路，正是為了所有的時間能被最大化利用，所有的付出都能盡可能地得到更多的回報。

通過跟阿牛的對話，我開始思索自己的人生。如今，我很慶幸自己在面對選擇時，都沒有選擇相對容易的路。

我第一次面對人生選擇是在指考結束後。因為失常，沒有正常發揮，英語只考了六十五分，導致整體成績不佳，無法進入原本嚮往的科系。

當時，我有兩個選擇，一是重考，花一年的時間準備來年的大考；二是隨便進入一所大專院校，早點畢業，也好早點開始工作賺錢。

一開始我傾向第二種選擇，因為高三那年實在太煎熬了，剛從那種壓抑的氣氛裡逃出，我怎麼還要讓自己再回去受罪呢？

可是在暑假結束前，我轉換了想法，告訴父母決定重考。就理智層面而言，考試成績不佳是因為失常而不是因為程度不好，如果這次更努力、更謹慎小心，明年一定可以考取理想的校系。

於是，我充滿信心地去重考班報到了。

經過一年的努力，我在隔年的大考中取得了優異的成績，甚至還考上了一所名列前茅的公立大學。

在學校裡，我結識了來自各地像我一樣願意吃苦的同學，甚至還有很多大師級的人物，到現在，我們都還是事業、生活上非常要好的朋友。

這是一筆多麼寶貴的人生財富，倘若當初因為逃避大考壓力而選擇輕鬆的路，哪裡能收穫到這麼令人興奮的成果？

我第二次的人生抉擇是在大學畢業時。

當時，有兩間企業先後提供我工作職缺，一家是國營企業，另外一家是中日合資公司，職位都是工程師。

本來我傾向於後者，可是母親總要我選國企那家，雖然工資較少一些，但相對穩定，因此，我一度動搖。

經過幾天的考慮，我還是決定去中日合資公司工作。

上班後我才真正體會到，合資公司的工作氛圍有多麼緊張，員工之間的競爭又有多麼激烈。在這裡，所有員工都要參加內部的公開競賽，相對優秀的員工將能獲得更高的薪資待遇，而最差的員工則會面臨被企業淘汰的危機。

確實，這間公司沒有國營企業那般安逸、穩定，甚至還有極大的壓力，但我就是喜歡這麼刺激的競爭環境，因為它會使我更清楚體認到——人要永保積極向上的心，只有每天都很努力地拼盡全力，才能讓生活真正變得輕鬆。

最終，在我不間斷的奮鬥、努力下，目前我已是公司技術部門的經理了，領導著一支二十人左右的團隊。

對於未來，我雄心勃勃，我有信心靠自己的能力去爭取所有想要的一切。試想一下，如果當初我選了較為容易的那條路，現在的生活又會是怎樣的狀態？

我可能大專畢業，永遠無法結識這些優秀的朋友；也可能在畢業後從事一份普通安穩的工作，然後領很一般的薪水，買不起城裡的房子，也無法將我的父母接到城市中安享晚年……

生命的際遇就是這麼奇妙，總結下來，每一步都是自己的選擇，你現在選擇什麼，將來就會擁有什麼。腳下的路，永遠都是自己走出來的，沒有任何人逼你。

當然，我並不是在炫耀自己吃過多少苦，更沒有要張揚現在的生活過得有多幸福，就只是覺得，選擇更難的一條路，注定會讓人在各方面都獲得提升與改善。

除我之外，還有很多人過著比我更優越的生活，那是因為他們吃過比我更多的苦，走過比我更難的路。

選擇更艱難的那條路，不代表你一定會成功，但起碼你會先得到自己的首肯，日後回想起來也不會自責遺憾，你也能獲得心靈的平靜安和。太輕易得到的東西，大多沒什麼挑戰性；而選擇艱難的這條路，你才會看見更波瀾壯闊的風景。

作家王小波曾說：「人在年輕時，最頭疼的一件事就是決定自己這一生要做什麼……總而言之，幹什麼都是好的，但要幹出個樣子來，這才是人的價值和尊嚴所在。」

為了幹得更有價值和尊嚴，我勸你：選擇更艱難的一條路。

計畫是執行事物的指揮棒

縱然你的欲望再多，也無法一口吃成胖子，
總要按部就班地來實踐。

艾米在沒有成為一名家庭主婦之前，從來不知道自己一天可以做完這麼多的事情。

她既要照顧剛滿一歲的女兒，還要打掃家裡、洗衣做飯、收拾女兒的玩具等。

後來，她跟我說，每個母親都是超人，有了孩子以後，幾乎是一夜之間擁有了無限的超能力。

以前的艾米很不喜歡做家務，但自從有了孩子以後，她幾乎顛覆了過去的自己。

從最開始學做小甜點，到現在已經能夠遊刃有餘地同時進行很多事情，她的身上越來越散發出母親的偉大光輝來。

早晨醒來，艾米會第一時間起床、洗漱，先把自己整理乾淨，再收拾房間。趁女兒睡醒之前，做好她最愛吃的米粥和小甜點。熬粥的同時，還將女兒昨天替換下來的衣服扔進洗衣機清洗乾淨。

我驚訝於艾米的重大轉變。

艾米說：「一開始我也不懂，只是後來事情太多了，感覺必須要做計畫。做著做著，就得心應手了，時間也變得越來越多。」

生活中的瑣事，常令我們覺得毫無頭緒，想做的事情太多，能完成的卻永遠那麼少。

其實，並不是你的時間少，而是你不會妥善地利用時間，無法在有效的時間內發揮出更多的價值、效益。

Z一開始很討厭做計畫，他總喜歡追逐那種「最後一秒」的刺激感，就算面前堆了再多的任務，他也只等著在最後一刻發功，頃刻間將一切問題化為烏有。

學生時期的Z，每次考試前都臨時抱佛腳，偏偏總是因此取得不錯的成績，讓他以為自己是個獨特的天才，能花比別人更少的時間和精力去完成同樣的事。

可能是受到上學時養成的習慣所影響，接觸房地產銷售工作以後，Z仍然不肯制訂工作計畫。直到有天，高層突然要求全體員工針對上週已議定好的新大樓提交行銷企劃方案。

看到其他同事全都氣定神閒、不疾不徐地向上級繳交出令人滿意的答案卷，而自己的電腦螢幕還是一片空白，Z急得滿頭大汗。

最終，Z不但因此失職、遭受懲處，還連累了部門經理被當眾訓話。

從那之後，Z開始制訂工作計畫。漸漸地，他發現很多看起來繁雜瑣碎的工作，竟開始變得簡單規律了起來，一些曾讓他很頭疼的程式運算也逐漸變得有條不紊，他的工作總

算慢慢地走上了正軌。

現在的Z恨不能逢人就說——還是做計畫的好啊！他甚至會花很多時間來制訂工作計畫，大到年計畫，小到週計畫、日計畫。

給生活制訂計畫，能幫你更充分地運用每天的時光，提升自己的生活品質；給工作制訂計畫，能使你更有效地釐清任務和目標，按時完成所有的工作。

而且，制訂計畫方便我們日後能清晰地了解自己在這段時間裡究竟實現了哪些目標，也能讓我們見證自己在每一階段的發展、成長。

在日常生活和工作中，不妨學著制訂計劃，尤其在一年之初，更要制訂一份年度計畫。所謂「一年之計在於春」，想把一整年都能很好地利用，無疑要在新年就詳細地規劃一番。

曾有位哲學家做過一思想研究〈無辜的威脅者〉，具體內容如下：

甲抓起乙，朝著丙扔去。此時，丙可以用手槍將乙擊落，也可以選擇什麼都不做。當然，分別有對應的後果，前者是丙為保全自己而殺死了乙，後者則是丙毫無作為地被乙砸傷甚至被乙砸死。

現在問題來了，如果你是丙，會為了顧全自己而朝乙開槍？

其實，這個問題的關鍵點是在乙身上。誠然，做為丙的我們可以秉著生存的權利將乙擊落，但從道德層面來說，乙畢竟是個活人，就這麼被殺，當然會令人心生愧疚。

可是從本質上分析，為什麼乙會淪為甲的「犯案」工具，任人宰割呢？難道對於這樣的結果，他一點責任都沒有嗎？當然不是。

乙做為獨立的個體，有思考能力和行為能力，但他不履行自己的職責，反而甘願淪為甲的武器——也就是說，他沒有為擺脫成為別人工具的命運而付出最大的努力，這是他的失責之處。

研究實驗往往能檢驗出人性或是人的思想、行為、習慣。

在這份研究中，我們不難發現很多人雖無害人之心意，卻逃脫不了淪為工具的悲劇，這是受人控制、沒有自己思考能力的悲慘命運。

那麼，乙為何會活得如此被動呢？很大的原因在於他不擅長做計畫，也不會強迫自己思考。

不得不承認，很多事情是你在做的過程中才會感知到它正在一點一滴地改變，而非你什麼都不做，就能想出每件事物的走向及最後的命運。

如果是這樣，乾脆每個人都戴個墨鏡，當算命先生不就好了。

做新年計畫最大的好處是能讓人做好心理準備，明確知悉自己未來一年需要完成哪些事項，也能根據現實情況，及時對計畫進行梳理和調整。

最關鍵的是，它會讓你成為一個主動的人，主動掌握工作、主動把握生活，乃至為自己贏得主動的人生。

愛默生說：「一個人就是他整天所想的那些。」可見制訂計畫對於一個人的人生有多重要。

縱然你的欲望再多，也無法一口吃成胖子，總要按部就班地來實踐。而計畫，就是你妥善分配、運用時間的最佳利器，好好利用它，定會使你事半功倍。

擺脫成功的頭號殺手──拖延症

別再拖延現在，丟失未來。

「拍電影的最佳時間是二十年前，其次就是現在。」這是我聽過最令人心寒的一句話。

「你原本可以成為更好的自己。」

八年前，我的一位大學同學婧也想跟我一起來大城市奮鬥，她很喜歡寫作，夢想成為一位偉大的女作家。

不幸的是，畢業那年的夏天，她的母親突然檢查出罹患癌症，需要緊急住院。

為了照顧母親，這位孝女寸步不離，甚至到母親出院後，醫生明確告知病人已無大礙，可以正常生活了，她仍不放心，堅持要守在母親身邊，深怕再出現什麼波折。

一年後，我有了固定的工作，算是在大城市穩定了下來。

那時候我很想念婧，因為記得我們一起許下的心願，就不停打電話跟她誇耀大城市的美好，想吸引她早點過來跟我一起奮鬥。

可是，她每次都會對我說同樣的話：「我現在還是不放心母親。作家夢嘛！再晚個幾年也沒關係吧？」

就這樣一年、兩年、很多年過去了，如今她已嫁到外地，徹底成為了一名家庭主婦，承擔起持家、照顧兒女的職責。

現在我們依然會通電話，不過內容卻完全不同了，她總會向我抱怨孩子有多磨人、多纏人，做家務有多辛苦、多煩瑣。

偶爾，她也會想起那個未能實現的作家夢。只是談起這夢想，她的語氣不再興奮，只是充滿感嘆：「如果當時聽你的話該有多好啊！」

是的，如果她陷入生活的泥淖，她的夢想似乎要等到下輩子才能拼搏了。她現在早已與文字隔絕多年，腦袋空空，再也寫不出滿意的文字來了。

我的另外一位大學同學小顏，在北京這座大城市裡奮鬥三年後，突然萌生了想要開店創業的想法。

某天，他找到我，無比興奮地談起他的大計畫，說自己當老闆會辛苦一點，可也能掙到很多錢，不用再看別人的臉色。

我仍然記得，當時聽他講完後為他高興的心情。

然而，兩個月後，他卻又告訴我，他放棄開店的打算，決定老老實實地工作。

我問他原因是什麼，他說開店太忙了，而且前期需要投入很多資金，現在他還沒有成家，必須留些錢來娶老婆。

聽了他的話，我只能表示惋惜。

不久，小顏又來找我借錢。

這時候，他又堅定地想要開店了，因為他的孩子正一天天長大，一份有限的工資已滿足不了他們一家三口在這座城市的開銷了，他認為只有創業才能有未來，想開店多掙點錢。

就在我準備把錢交給他時，他竟再次猶豫了——萬一我開店失敗？現在我既沒經驗又沒人脈……這次要是失敗，一定會比上次更嚴重，而上一次失敗只不過是幾年的工資打了水漂，這一次若失敗可是會連累全家人的溫飽……

最後，他把錢還給我，臨走時喃喃自語地說：「明年再說吧！明年再來想這事。」

望著他遠去的背影，我心中充滿無奈。雖然不知道明年他會不會真的開店，但我想那個可能性並不大。

有的人繞過此時的困難去做一件容易的事，以為到未來的某個時刻，做那件想做的事就會容易一些，卻不知道人生每個階段都有它的難處和困惑，下一個階段並不意味著能比這個階段有更多幸運。

那些一味選擇逃避的人，終究做了人生的失敗者。

拖延、拖延、再拖延，輕鬆的只是推託的那個當口，卻不知道下一刻將更煎熬、更令人焦慮恐慌——你原本可以寫出更精妙的文章，你原本可以畫出更美好的藍圖，你原本可以成為更完善的自己，可是，你沒有。

拖延症之所以會存在，是人的本性。很多人享受最後一刻實現目標的快感，甚至把這樣的自己看成是天才，好似自己無所不能。

在學校裡，有很多同學喜歡「臨時抱佛腳」，在進考場前的最後一刻才開始翻書、背公式，特別是當他們還能因此取得不錯成績時，就會產生不用太努力的想法。

同理，他們做別的事情也會如此。

現實往往很殘酷，偏偏很多時候「幸運之神」不會眷顧你——因為經驗不足、準備不充分而導致失敗的事例比比皆是。工作常這樣，就會讓老闆對你產生不努力、不積極的印象，久而久之，離被開除的日子也就不遠了。

要相信，費盡苦心得到的結果和只準備幾小時做出的成績，是完全不一樣的，大家也都能感覺到。如果只是簡單準備了，覺得一切有做就好，所有的事情都能輕鬆地取得，天底下哪來這種好事？

有執行力的人才有未來。

從現在開始，看準目標，即刻出手，告訴自己別再過僥倖的人生，別再拖延了現在，而丟了未來。

第三章

想要過好的生活
就要付出與之匹配的努力

要做就做優秀的人

這個社會對於真正有才、有能力的人，不會輕易棄置一邊的。

最近發生了兩件事，讓我非常感慨。

第一件事是幾乎在同一時間，在社交平台上有兩個人分別發出「求救」的訊息，只不過一個是網紅，另一個是如你我一般平凡的小人物。

前者的求助資訊是，其兒子在某座城市未能找到合適的學校入學，雖已做過各種努力，還是沒能如願，所以希望眾多粉絲好友能出手相助。

後者的求援資訊則是，家中患有老年癡呆症的奶奶，近日在家附近走丟了，他交代了奶奶的樣貌、特徵、年齡，然後留下電話，期望得到善心人士的有效線索，並承諾找到人後將予以答謝。

兩天後，極具諷刺性的結果出爐：公眾人物的孩子已經背著書包，開開心心地上學去了，還特地發文向為她伸出援手的朋友表示感謝。而那位急於尋找親人的網友，卻再沒發出任何關於其奶奶下落的文章，甚至原本那篇尋人文章也只有寥寥可數的瀏覽量。

為什麼會產生這樣的結果呢？

道理很簡單，網紅做為社會公眾人物，單篇文章的閱讀量大約在幾十萬至數百萬之間，自然方便讓更多人看到這篇文章，能夠及時獲得有效的幫助；而普通人發出的帖子雖然性質嚴重，大家卻不太關注，點擊率不高，自然無法提供什麼真實可靠的資訊。

所以，讓自己變優秀是多麼重要的事情——優秀的人，能掌握更多的人脈資訊。

第二件事是前陣子某辯論節目出了一道辯題：「交朋友需不需要門當戶對？」

當今社會，尤其身處在大城市中，每個人的時間都有限，用來交際的時間更為匱乏。

很久之前，人們談論「門當戶對」還僅僅停留在結婚對象的選擇上，而如今，已經不可避免地擴大到了交友的範圍——這是情有可原的。

首先，只有那些和自己身份、地位、能力同等級的人交往，才不會覺得過於自卑、自大，同時，相互之間能聽懂彼此的話，不會雞同鴨講，可以更好地交流、溝通。

這就是為什麼優秀的人身邊也會是一些優秀的人，而平庸的人身邊則聚集著一些沒什麼特色的人。

人生在世，抱著濟世救人心態，無私地分享自己的光輝，讓別人獲得溫暖的人並不多。更多時候的交際，是基於共同利益、愛好、志趣而交往。

幾年前，我曾在某家電視臺工作，那時很想成為一名編劇。因為做節目的緣故，我偶然間認識了一位公眾人物，找到機會跟對方交換了名片，然後很誠懇地邀請對方吃飯。

可能是出於禮貌的關係，她很客氣地收下了我的名片，並向我投來溫暖的微笑。那一刻，我的內心猶如春暖花開，走出公司大門時都還一副喜氣洋洋的樣子。

沒多久，因為工作變動，我離開了那家電視臺。

某天，我剛寫完一部劇本，忽然想到了那位公眾人物，於是找出名片趕緊給對方撥電話。

我懷著激動無比的心情等待著，接通後聽到電話那頭「嘟」了一聲，就被掛斷了。我又不死心的回撥，還是被拒接，再打過去，對方就關機了。

放下電話的瞬間，我內心充滿了挫敗感，這才明白：原來我視為珍貴的見面機會，其實是別人根本不想蹚的渾水。而如果我的身份是一名業內很有名氣的編劇，還會遭到這樣的待遇嗎？

顯然不會！

就像做買賣，講究的是公正、公平的等價交易，一手交貨一手交錢。也許有的人心裡會感到委屈，可是想一想，別人的時間也很有限，為什麼要白白挪出時間為你提供經驗、提供人脈？

再者，那些已經取得成績的人能有今天的成就也不容易，至少是經過多年打拼才換來的，誰也不知道他們當年吃了多少閉門羹。

在黎明到來之前，每個人都是獨自在黑暗中摸索前進的，也都有過掙扎糾結的時候，更都有過脆弱到想放棄的時刻，但那些優秀的人總會堅持下來，然後站到比普通人更高、更遠的地方。

不是每個人都必須站在同一個高度，但為了自己的前程，我們至少要去闖一闖，試著做個比昨天的自己更優秀的人。

不可否認，我們都喜歡接近優秀的人。

但是，正如那句俗話「物以類聚，人以群分」，優秀的人更多時候會和優秀的人相處在一起，只有資源、條件對等，你們之間才有互相幫助的可能。

每個人都不是慈善家，沒那麼多時間可以花費在沒有交集的人身上。很多社交其實沒什麼用，只是用來打發時間。安慰自己要到了一些所謂大咖的電話，跟別人搭了幾句話、合了幾張影——歸根究柢，你只不過是別人的陪襯，根本沒走進人家的生活。

而那些真正優秀的人，就像太陽，不管走到哪，都會散發出耀眼的光芒。他們往往不用過分招搖，就能吸引到很多人脈、資源，進而供自己使用，讓自己變得更加強大。

當你足夠優秀時，一定會有好的出版社找你簽約；當你足夠優秀時，一定會有好的唱片公司邀你發唱片；當你足夠優秀時，一定會有好的畫廊為你辦畫展。這個社會對於真正有才、有能力的人，不會輕易棄置一邊的。

所以，當你還不夠強大時，不要花太多時間在無用的社交上，要多花點時間閱讀、提升自身技能、增廣經驗和見聞。想要認識、結交優秀的人，只有一條路——先讓自己強大起來。

無論何時，請一定要記得，人脈不在別人身上，而在你自己身上；認識的人多並不代表你的人脈夠廣，因為在你還寂寂無名時，無法將這些人脈轉化成現實的朋友，也無法像朋友那樣平等互助。

做優秀的人，你才能擁有更多的機會。

好的人生是對自己有所要求

年輕時的迷茫並不可怕，
年老後的懺悔才最難過。

前不久和小學同學聚會，因為太久沒見面，席間大家都有些激動。正聊得起勁時，突然一個同學問：「調皮搗蛋的副班長怎麼沒來？好久沒見了。」

這句話像一顆炸彈，頓時在人群裡炸開了鍋。此後的一個多小時，話題突然變成談論這位副班長，每個人都有一肚子的話要說。

副班長從小就是個調皮搗蛋的孩子，他沒有一門自己喜歡或擅長的功課，之所以能成為副班長，完全是因為他的父母跟校長認識。

後來，大家上了不同的國中，就不常見面了。這位副班長因為不愛學習，沒有讀完國中就輟學回家了。當時因為年紀小，他也不曉得自己喜歡什麼、能做什麼，就去親戚的皮衣工廠裡當了三年的學徒。

二十歲那年，稍微長大一些的他，終於意識到了做皮衣不是他的夢想，於是不顧家人的勸阻，辭職南下。

到了新地方，他又有了新的困惑，下火車的那一刻他才恍然大悟——他自己並沒有想好能做什麼。

沒有學歷，沒有相關的工作經驗，他只能選擇門檻不高的工作來養活自己。

最初的一年，他做汽車銷售，因為業績不佳被領導開除；後來又去做電話銷售，因為不耐煩，總會跟客戶在電話裡吵起來，因此再次被開除。就這麼晃晃蕩蕩地，一直到去年，他還是沒找到真正喜歡的事業。

這是一件多麼可怕的事情——一個人把自己活成了一顆足球，任由別人把自己在腳下踢來踢去。

後來，我終於知道為什麼這次同學聚會他沒來了。其實，負責人很早就聯繫到他，但他總是以各種理由搪塞推託，表示不參加。大家都說，或許他覺得自己一事無成，所以不好意思前來。

聽到這裡，我不由得想到時下一些剛畢業的年輕人，因為對未來感到困惑、迷茫，所以逢人就問自己應該做些什麼才不會後悔。這是一種好現象，即便他們尚未找到自己的定位，至少懂得開始思考了。

年輕時的迷茫並不可怕，年老後的懺悔才最難過。

那些仗著自己還年輕而得過且過、過一天算是一天的人，可以想見，等他將來老了，必定會為自己虛度了時光而後悔不已。

歌手汪峰唱的〈生來彷徨〉並不令人惋惜，他要是唱「老去彷徨」才是真的淒涼。每個人生下來都不是先知先覺，對前途感到迷茫是很正常的表現。但在該知道要做什麼的年紀還蹉跎彷徨，到年老時就很難再有實現夢想的機會了。

就像這位副班長，年近不惑，依然沒有找到一份值得為之奮鬥終生的事業。可想而知，他的內心該有多麼煎熬、該有多少困惑。

縱使，人們常說無論何時開始都不晚，但總要早點明確目標，在年輕的時候奮鬥起來才更有幹勁啊！

小敏今年三十二歲，依然單身。如今，她不太敢隨便回家，因為她知道，在沒有成功找到一個男朋友前，回到家鄉無疑會面對三姑六婆們的責難。

其實，她並非奉行單身主義，也沒有任何生理、心理上的問題，甚至還非常想交男朋友，但她為什麼都沒有談過一場像樣的戀愛呢？

跟小敏接觸以後，我很快就找到了問題的根源——她的長期單身得益於她對異性太沒要求。

前陣子，同事為她介紹了一個眼鏡男，一流大學畢業，性格有些暴躁，和小敏結識一天後就再也不與她聯繫了，原因是那個眼鏡男覺得小敏脾氣古怪。其實，並不是小敏脾氣古怪，只是她缺乏戀愛經驗，又不懂男人的心。

後來，家人又幫她介紹了一個理工男，他是一間公司技術部門的主管，性格較木訥。原本，家人想著這個男孩只是有些內向但人不壞，他倆一定能修成正果。孰料，一個禮拜後，男方主動提出分手，理由是小敏不會撒嬌，一點都不可愛。

問起他們之間的相處狀態，小敏只淡淡地描述：「我也不愛說話，兩個人坐在一起都像定海神針、兩根木頭。」

我問小敏：「那你對男朋友都沒有要求嗎？」小敏愣愣地搖了搖頭。

這是我第一次知道，當一個人對他人沒有要求時，反而容易一事無成。可以想見，她一生中最青春美好的時光，都被無情地消耗掉了。

當一個女人對自己各方面都有所要求時，她很容易成為一位精緻的女人，要嘛裝扮精緻，要嘛生活精緻。而當一個人對萬事萬物都馬馬虎虎、沒有目標時，很容易陷入一塌糊塗的境地，乃至一事無成。所以，不管是對職業前景的規劃，還是對未來另一半的要求，我們都應該樹立自己的準則，對一切有所要求。

不可否認，在這個世界上，人人都想過最好的生活，都想鶴立雞群，成為最光鮮、耀眼的那個。但真正能夠實現心願的人，永遠是那些對自己有要求的人。

人們往往想要的太多，自我要求卻太少，所以日復一日地隨波逐流，活在別人對自己的評價裡，就像一個被迫旋轉的陀螺，要靠外力的作用才能正常地工作。

快醒醒吧！

想要靠自己過上完美的生活，就得從此刻開始，多讀書、勤思考，掌握生存技能，做個有追求的人。

做生活的行者，永遠行走在路途上

拉開窗簾讓陽光映照入房間，
是件簡單美好的小事。

二〇一六年奧斯卡頒獎典禮上，有部影片獲得了盛讚，講述了一位女孩被囚禁在一個狹小房間裡長達七年之久的故事。

電影叫做《不存在的房間》。女孩喬伊被一名叫「老尼克」的男人囚禁在一間棚屋裡，長達七年之久，期間她獨自承受了許多非人的折磨，還生下一名男孩傑克。傑克從一出生就活在只有房間大小的天地裡，他以為那就是全世界。

喬伊在有限的房間裡，竭盡所能地為兒子創造一個開心、舒適的環境。在傑克五歲生日後，喬伊開始向他描述外面的世界以及她如何被老尼克囚禁在這裡的事。

後來，她想出了一個逃走的點子，但是得透過從未走出房間的小傑克來幫助自己。而他們成功地逃了出去。

只是他們逃離了物理空間，但是被囚禁七年的心理陰影卻很難擺脫。喬伊無法接受周圍的變化以及來自外人的眼光，傑克也很難適應一下子變得開闊的世界。

命運又一次需要他們母子艱難地從內心的牢籠中掙脫出來。

最後，聰明勇敢的傑克先戰勝了自己，也幫助想要自殺的母親走出心理陰影，找到世間的一席之地。

我認為電影表達出一點——沒人能獨自堅強。傑克的母親，想給孩子一個光明美好的精彩世界，但也必須依靠兒子才得以逃脫和活下來。

相較之下，很多人雖有人身自由且身體健康，卻將自己封閉在狹小的空間，不願意走出去多了解一下外面的世界。

擁有的時候，我們都覺得稀鬆平常；失去的時候，我們才覺得彌足珍貴。

我認識一位姑娘，她終於在三十五歲的時候談了第一次戀愛，可見她能遇到現在的男友多麼不容易。

但是不久後，她發現自己並不喜歡眼前的這個男人。她既想要分手，又想再觀察對方的表現。

聽了她的話，我感覺這男人儼然成為一塊雞肋——食之無味，棄之可惜。此時此刻，這個男人無疑是圈住她的房間，她很想去看看外面的風景，卻又眷戀室內的安全。

我知道她有所顧慮，覺得自己年紀大，要再找新對象也不容易。最重要的是，就算放棄眼前的這一個，將來也不一定就能找到彼此喜歡的人。於是，她雖然感到不滿意，卻還是說服自己勉強接受對方。

後來，每次我們見面聊天，她嘴裡全是對那個男人的不滿，她徹底成了一個怨婦。

朋友M每個週末都會提前做很多預想，計畫都很好，卻從未實現。

快到週末的時候，她就會意氣風發地表示：這週要去爬山；這週要去露營野炊；這週要去划船享受春天的美好；這週要去商場買時尚衣服來裝扮自己……

可是每個週末，她都是在床上度過的。用她的話來說，工作了五天覺得很累，週六休息一天很正常吧？然後要洗衣服、收拾屋子，所以週日得待在家裡。

慢慢地，朋友們不再主動聯繫她了，都知道她是那種口頭上答應得比誰都快，行動起來卻比誰都不利索的人。

M明明可以走出自己的房間，按照她的計畫體驗精彩的人生，卻每次都臨陣脫逃，在被窩中打發一個個原本可以很豐富的週末。

在工作中，我當然懂得每個人都不會太自由，可有些人卻能將週末過得豐富多彩，郊遊、運動……等；有些人卻像M一樣，把自己囚禁起來，隨意浪費自由的時間。

當我們最初來到這世界時，充滿期待地向這個世界問好，但為什麼後來卻不能努力嘗試過過另一種全新的人生？

有的人像Ｍ一樣習慣宅在自己的小空間裡，不關心周遭的變化；有的人會委曲求全，暫時隱忍於目前的工作、婚姻、家庭中，而不願走進更大的天地。

可是，將無比珍貴的自由花在無聊、空虛、沒有意義的閉塞生活中，毀掉的將是自己的整個人生。

說到底，人終究還是社會性的群居動物。我們來到這世界的最初，成長在社會的最小單位——家庭，身邊有父母及其他親人；上學時有老師、同學，開始工作後則有上司和同事……

當然，我們每個人都需要獨立的空間，一個人待著的時候，似乎更容易想清楚一些問題。可這樣的時間注定不會太久，我們需要花更多的時間走出房間，那樣才能看清楚更多的人事物，也才能解決更多的問題。

常言道：「讀萬卷書，行萬里路。」我知道，很多人一生走不了那麼遠、那麼長，可是只要活著，就該主動去面對這個鮮活的世界，與周遭的一切接觸，看看山、吹吹風，一路走走停停，領略不同的風景。

拉開窗簾讓陽光映照入房間，是件簡單美好的小事，打開房門走出戶外，亦同此理。下雨天被迫堵在馬路上的人們，能臨時找到一片屋簷躲雨，也許就是他們感到最幸福的小事。

很多時候，我們都喜歡這種安全感，渴望能有個避風港，洗去一身的風塵僕僕。可偏偏有些人忘記了，休憩是暫時的，保持行走才是生命的本質。

因為休憩和蟄伏，往往是為了走更長遠的路。想改變世界、有所作為，首先要學會拋開心中的恐懼和不適，讓自己成為一個行者，永遠行走在路途上。

你之所以還沒成功，是你沒有去做更困難的事情

不想辦法去克服和改正自己的缺點，這比缺點本身更可怕。

有則故事：一天晚上，突降大雨。一名年輕人準備上床休息，這時外頭響起了敲門聲。年輕人開了門，門外是一位老者。

此時，這位老者已全身濕透，他打著哆嗦，請求年輕人能讓他在屋裡待一會兒。

年輕人答應了他，並往火爐裡扔了些柴火，使得整個屋子都暖和起來。

老人在火爐旁坐下，年輕人拿了套乾淨衣服，讓他換上。趁老人換衣服時，年輕人還為他熱了飯菜、煮了薑茶。

見年輕人如此知書達理，老人表明身份，說自己是上帝，並向年輕人承諾，這輩子他將會獲得一位漂亮的老婆，並會成為遠近馳名的有錢人。

老人離開了之後，年輕人對自己的前途充滿信心，好像已經得到了所有東西一樣。

然而，事實並未如此，一直到他老了，他也沒見到上帝向他承諾的一切。相反地，他娶了個非常醜的女人。加上他的個性較為孤僻，除了鎮上的人外，再沒有別人認識他，更別提變得有錢，這根本是天方夜譚，他們一家經常處於斷糧狀態。

這人死後來到天堂，第一件事就是質問上帝為什麼騙他。

上帝笑著對他說：「你記不記得有年糧食大豐收，家家戶戶都裝得倉滿庫滿，糧食的價格降得很低，可是鄰縣卻大面積歉收，以致於糧食價格飛漲。這些你都知道，如果當時你不怕吃苦，願意將糧食運到鄰縣去賣，你將會得到很多的錢財。」

「用這些錢財去做生意，要不了多久，你就可以成為有錢人。然而你並沒有去做，而是無動於衷地守著那些吃不完、最後都發黴了的糧食，所以你失去了發財的機會。」

「還有一次，發生水災。等洪水退了之後，很多人無家可歸，可是你並沒有遭到嚴重損失，有人建議你可以利用自己的房子暫時安置一些難民，而你拒絕了，因為你認為安置他們是一件不可能完成的任務。正因如此，你失去了受人敬仰的機會。」

上帝頓了一下，繼續說：「你肯定也不明白，為什麼你的老婆沒有我說的那麼漂亮。如果你還記得的話，你二十歲時，你在家門前遇到了一名美若天仙的少女，從此對她念念不忘。可是你不敢主動上前打招呼，以致於機會溜走。我現在告訴你，那位少女當時也對你一見鍾情，只要你主動一點，她就會是你的妻子，而你卻沒有勇氣邁出這一步。」

說完這一番話，上帝反問他：「你現在還認為是因為我的原因才導致你的一生碌碌無為嗎？」

那人面露尷尬，不知道該如何回答。

如果你想要成功，唯一可行的辦法就是立刻行動起來，以積極的心態去迎接人生的每一次挑戰。

上帝不會無聊到隨隨便便就讓你陷入困難之中，這世界幾十億的人口，並不是每個人都能被他發現。如果有一天被他發現了，不管他給你什麼，成功或者失敗，順利或是挫折，那都是人生最寶貴的財富，並能照亮你前進的道路。

我有位大學同學珺華，人很優秀，學習成績也好，女人緣也好到讓人羨慕。

然而，當大家都甜蜜地談戀愛時，他卻一直是孤家寡人。

原因何在？珺華有一點自卑。自卑的理由是因為他有點胖，因而對自己缺乏自信。看到室友都成雙成對的，有一段時間他特別消極，整天躲在宿舍裡玩遊戲，一玩就是一整天。

後來，珺華立志要減肥。

身邊一直喊著減肥口號的人太多了，大多數人只在最初鬥志昂揚，但最後都以半途而廢告終。所以，當他說要減肥時，全宿舍的人都不以為然，甚至有人還當面和他打賭，說他堅持不了十天。對於室友不信任的態度，他選擇沉默，並斷然拒絕打賭，這讓室友更加確信他肯定堅持不下去。

從那以後，沒有課的時候，原本整天賴在宿舍的珺華再也不見蹤影。

經打聽才知道，他在學校附近的健身房辦了張會員卡，每天都去鍛鍊至少兩個小時。兩小時鍛鍊結束後，他還會去操場跑個兩圈，然後大汗淋漓地回到宿舍。

一天、兩天、三天、十天、十五天……所有人都沒想到他竟會堅持這麼久。當發現他的身材有變化的時候，我們才知道他的堅持是有回報的。

他有時候也會向我們訴苦，說鍛鍊結束後，經常恨不得把腿搬到肩上扛著走，腰酸背痛、手抽筋，第二天起床都費勁。但是訴苦歸訴苦，第二天，他還是會去健身房鍛鍊。

四年的大學生涯，我見過最勵志的傳奇就是珺華的體重在一斤、兩斤、十斤、二十斤往下掉的模樣。

三個月以後，他成功地減掉了二十五斤的肥肉，完完全全地變了一個人。

當他向我們展示成果時，綻放出無比快樂的燦爛笑容，是我至今難忘的一幕。這種快樂肯定是發自內心的。

當你全力以赴完成了一件別人看來不可能完成的任務時，你曾撒下的汗水會讓你散發出耀眼的光芒，指引著自己前進——就像是我們精心培育的幼苗，經歷了諸多風雨之後，終於開出絢爛無比的花朵。

這其中的艱辛別人不會注意，你必須一個人揮汗如雨、兢兢業業地努力著。但是當花朵開放的時候，你會給艱苦的過往一個大大的擁抱，那一刻，幸福的淚水會洗去你所有的委屈、掙扎和煎熬。

奮鬥是這世間最美好的過程，不是嗎？不管這個過程多麼艱難，只要你挺過去了，你就能得到想要的結果，在那一刻，你會發現自己的所有付出是完全值得的。

是的，我們每個人身上都有缺點。

我們不夠優秀，沒有漂亮的學歷和經歷；我們能力不足，有時連手頭上的任務都沒有及時完成；我們不夠聰明，很多簡單的問題都找不到解決辦法；我們不懂得愛，至今還獨自品嘗著寂寞……

這一切並不可怕，但若不想辦法克服、改正自己的缺點，這比缺點本身更可怕。這樣的你只會安於現狀，不敢為自己的未來做多一點的付出。

美好的東西總是需要被追求的，正因為它不能輕易得到，所以才顯得珍貴。

想要得到，那就必須付出相應的努力和辛苦，其中的過程可能比我們想像的要難，但是你要知道，走出去的每一步，都比在原地踏步強上千倍、萬倍。

生活從來不是一帆風順的，如果你戰勝不了它，最終只能做它的俘虜。現實很殘酷，命運很艱難，唯有投入其中，你才能尋得機會。

努力才叫夢想，不努力只能叫空想

所有的夢想都需要有個依託才能發揮光芒。

有個貧窮的年輕人夢想著有天能成為富翁，過上富裕的生活，然而一直不能如願。

為此他特別苦惱，不知該怎麼辦，於是他每天都跑到教堂祈禱：「上帝啊！請看在我如此尊敬你的情分上，讓我中一次彩票吧！」

日復一日，年復一年，也不知道過了多長時間，他蹉跎成了一位中年人，生活依舊貧困。

這天他一如往常來到教堂祈禱。他越想越委屈，最後開始抱怨，抱怨他虔誠了這麼多年，卻還是得不到上帝的垂青。

上帝聽了他的話，憤怒地說：「要我實現你的願望，你至少要先去買一張彩券吧？」

很多人通常都把它當成一則笑話來聽，但是聽完笑話後，我們是否該做點反省：這人渴望成功，但始終沒有邁出成功的第一步。

每個人都有自己的夢想，只是夢想或高深、或簡單、或驚世駭俗、或平淡無奇，不論什麼樣的夢想，堅持下去我們就離它越來越近。你努力、盡力了，即便最終沒有成功，也會得到莫大的收穫。

然而，如果你空有夢想而沒有一點實際行動，那麼最終它也只是海市蜃樓罷了。

別說天上不會掉餡餅，即便掉了，你又怎麼能確定正好落在你頭上？要是明知道餡餅就掉在離你不遠的地方，你卻沒有伸手去拿，那你還能抱怨夢想遙不可及嗎？

其實生活中有很多這樣的人，他們好高騖遠，覺得現在的生活不是自己想要的；他們被動應付，在生活的重壓下苟延殘喘；他們迷茫無助，不知道到底該怎麼樣才能過好自己的一生。

這樣就會出現：好高騖遠的人，不屑於當前的努力；被動應付的人，不敢做出相應的努力；迷茫無助的人，不知道該從哪裡努力。

但是，不論何種原因，最後的結果都是將自己的夢想放在一個無人知曉的角落，然後伴著歲月的傷痛喝個爛醉，生怕醒來之後看到狼狽不堪的自己。

生活不會完全按照我們想像的模樣來展現，所有的夢想都需要有個依託才能發揮光芒——這個依託就是努力，實實在在、看得見也摸得著的努力。

上大學的時候，有幸到一家電視臺實習，在那認識了一位化妝師——小彤。

小彤不僅人長得漂亮，化妝技術也非常出色，而且還很勤奮。

有一天，電視臺要專訪一位明星，聽前輩說這明星脾氣非常大，相當難伺候，所以很多人都避之不及。最後公司讓我們兩個人前去伺候，並且要求全程陪同。

最初我還提心吊膽的想，千萬別因為得罪明星而失去了這次實習的機會。小彤倒是十分淡定，聽到這個消息的時候，她正擦拭著她的粉紅色化妝箱。

陪同工作的第一天早晨，我們五點半就來到了這位明星的房間。我們到時，這位明星已經開始工作了。看見明星邊工作邊敷面膜，小彤便小聲提醒她：「面膜要躺下敷，效果才顯著。」

然後，小彤一邊打開化妝箱，一邊向明星解釋：「您的皮膚水分很充足，但是您的面部輪廓有向下走的趨勢。如果站著敷面膜，只會越來越嚴重，但是以後您稍加注意，躺著敷面膜，過不了多久，皮膚自然又會恢復之前的彈性了。」

小彤有個習慣，每天晚上她都要對隔天的工作進行詳細的梳理。因此只要她在場，幾乎不會出現任何意外。

有天早晨，那位明星開始不配合——小彤在給明星化妝的時候，出於個人喜好，明星拒絕使用某一款髮膠。

為了說服明星，小彤再次展示出她的專業和細心，並表示：「老師，我是您的粉絲，知道您喜歡用什麼牌子的髮膠。我之所以向您推薦這一款，是因為我昨晚看了您今天的行程，外景相對多一些，而且天氣預報說今天的風有可能很大，不太容易能固定住頭髮，而這款正是專門應對這種情況的。您今天要換好幾套衣服，使用這種髮膠也會讓改妝變得容易些，這樣也能節省您的時間。」

聽完這話，這位明星便不再抗拒了。

而那天，這位明星的出色發揮，讓這檔節目提前兩天完成錄製。其中的功勞雖然大家不說，但不得不承認和化妝師有莫大的關係。

與小彤聊天後，才知道她的家庭條件十分優越，完全沒有必要從事現在這種每天被人呼來喚去的工作。可是為了實現化妝師的夢想，她放棄了原有的舒適生活。

小彤上大學的時候，在父母的要求和期盼下，被迫選擇讀了管理科系。畢業以後，父母希望她能接受更先進的管理培訓課程，學成後好接手家族事業，所以送她出國留學。

這次她違背了父母的意願，毅然決然轉到了設計科系。為此，父母對她進行了整整一年的經濟封鎖。

這一年，她輾轉在各種打工間，從家教到圖書管理員，從洗碗工到轉手買賣小商品，反正能想得到的兼職，她一個都沒有落下。

看著小彤近乎自虐的樣子，父母終於妥協了，同意讓她去實現自己的夢想。

研究所畢業後，她回到國內。父母想資助她成立一間工作室，可是她覺得自己經驗不夠便拒絕了。

她開始四處接案子，綜藝節目、影視劇組等各種活動，甚至包括一些聚會她都不會放過。後來，因為聽說這個節目的化妝師在業界非常出名，她就來做免費實習生。

與小彤聊天的過程中，她說最多的詞就是「夢想」。每次說到這詞的時候，她眼神中總是熠熠發光，可見她對化妝的熱愛。而這幾年她做的最多的事情，也是為了實現夢想而積蓄能量。

實習結束的時候，她用很文藝的話語跟我說：「生活之於我們有太多的艱難，夢想之於我們有太多的美好。人生總是這樣，在追逐夢想的過程中會悲喜交加。有夢想的人總是幸福的，能為夢想全力以赴的人則是最幸福的人。我還算幸運，這麼多年來始終沒有放棄夢想，甚至可以開始碰觸到夢想的影子。」

有些年沒聯繫了，我想現在的她，該是那最幸福的人了吧！

第四章

不能因為一兩次的不如意
就徹底放棄了改變的勇氣

很多事不怕難，只怕你不肯堅持到最後

槍林彈雨，事關生死，
而堅持做成一件事，則關係到自己的夢想、人生。

出於對新聞節目的熱愛，同時也比較關注社會民生問題，我一直都很欣賞知名社會記者柴靜。當她的第一本書《看見》上市後，我便迫不及待地收入囊中。

還記得當年讀《看見》時的印象，封面上的女子，瘦弱沉靜，而那雙明亮睿智的目光，散發著讓人無法拒絕的堅定光芒。從默默無聞到今日深受廣大百姓喜歡的央視記者，支持她走下去的，正是那一股堅持的毅力。

既不是名校出身，也沒有系統地學習過新聞專業，因此最初進入人才濟濟的央視時，柴靜過得十分辛苦。

為了盡快適應工作，她說服自己冷靜下來，從最基礎簡單的工作做起——倒水泡茶、列印資料、外出採訪，她像一臺不知疲憊的機器般讓自己忙碌著，就這樣度過了一段風吹日曬、汗流浹背的時光。

最終，她靠著這股堅持一步步熬出了頭，而有了今天的成果。

《霸王別姬》裡唱道：「人得學會自個兒成全自個兒。」

以柴靜為例，她的基礎沒有科班生來得好，初入行時面對的一切也都是陌生的。人在陌生的環境下容易心生恐懼，擔心自己不能勝任這份工作。但柴靜對工作卻盡心盡力、無所畏懼，反覆借鑑同行的主持風格，每天辛苦熬夜編排節目，所有的技能都是憑著骨子裡的那股堅持一點一滴獲得的。

很多事不怕難，只怕你不肯堅持到最後。那些最終站在人生巔峰、實現自我價值的人，其實都是選擇做個堅持努力到最後的人。

我的朋友阿萊，也是這樣一位努力不懈的人。

阿萊從事的是廣告業，也一步步地做到了那行業裡數一數二的水準。做為他最親密的朋友，我一路見證了阿萊事業的發展。

剛畢業那時，阿萊還只是個青澀的毛頭小子，他學的是地質勘察。這樣冷門的科系使他在找工作時遇到不少的難題。幸虧在阿萊幾乎快要跑斷雙腿時，他成為了一間廣告公司的業務人員。

公司剛成立不久，還沒有發展起來，所以也沒有多少客戶資源，做為公司的業務，阿萊的工作算得上清閒。

過了一段時間，公司的發展仍舊沒步上軌道，同事們紛紛跳槽，選擇離開。阿萊沒有跟上那波離職潮，他選擇留下來，並向部門經理申請調動部門，然後他正式做起了廣告策劃。

這當中還有一段小插曲：原本主管不同意他請調，直接拒絕了阿萊第一次的申請，但阿萊並未因此放棄。

正巧公司接下了一件為某牌口香糖策劃銷售文案的單子，阿萊私下聯繫了廣告部的主管，將自己的想法告訴對方。廣告部的主管同意他可以參與此次方案的策劃。

提交方案的時間只有半個月，阿萊沒有策劃的基礎，也沒有寫文案的經驗，但他夜以繼日地奮戰，買了兩本經典的廣告案例來參閱，反覆揣摩，最終在截止日的前一天總算提交出策劃文案。

老闆看過他的文案後，竟然意外地滿意，特意批准阿萊正式進入廣告部門。

因為天性樂觀，阿萊從不跟人抱怨工作的辛苦。因此，他吃了多少苦頭，外人自然不清楚。

但我知道，他從最初的拉單子、跑業務，一點一滴做起，經過了無數次的殘酷拒絕，才終於成交了自己的第一筆生意。

印象裡，阿萊那幾年很少有週末。當我們這群朋友歡聚在一起，享受著溫馨的週末時光時，阿萊正把自己關在租屋處，看書學習，分析著廣告界的經典案例。

有次，我去找阿萊借東西，進門時只看到他正倚靠在椅子上，翻著一本厚重的廣告策劃書。當我與他四目相交時，那對因過度勞累而浮現的黑眼圈，讓我分外心疼。

因為這樣的堅持，阿萊終於換得在圈內的聲名鵲起。現在的他已經是公司廣告部門的經理了，他常常會跟下屬們說：「想要做一個好的廣告人，就要先有一顆肯吃苦、願堅持的心。」

做廣告方案是件很痛苦、很折磨人的事情，你永遠不知道客戶的腦子裡在想些什麼，常常是你給出一百種方案，而能令客戶滿意的，卻是那第一百零一個。

我曾勸過阿萊，如果工作太辛苦，乾脆回去做業務吧！以他的資歷，只要跟老闆一說，做業務經理也不是不可能。

但阿萊的回答是——如果一個人面對困難就選擇逃避，那麼他在面對人生時，也只能選擇逃避。

這個世界上，做事半途而廢的人隨處可見，因為工作太累就輕言放棄，就像在衝鋒陷陣的戰場上選擇做一名逃兵一樣——槍林彈雨，事關生死，而堅持做成一件事，則關係到自己的夢想、人生。

記得以前跟一個朋友聊天時，她一直表示很想出版幾部作品，當一位真正的作家。

可是七、八年的時間過去了，當我們再次聯繫時，她一個字也沒有寫，反而跟我抱怨，在城市生活的壓力太大，一天的工作結束後，根本沒有多餘的時間進行寫作，也總不能天天熬夜，這樣對身體並不好，週末則要收拾家裡……等藉口滿天飛。

面對朋友的說詞，我不好多說。但我知道，一些名作家也並非全職寫作，而是利用每天瑣碎的時間，堅持著自己最初的夢想。

我相信他們一定會遇到同樣的困境，但那股努力堅持到最後一秒的毅力，終會戰勝現實生活中的所有困難，使他們成就自己。

不可否認的是，人們都有著趨利避害、趨易避難的本性，覺得這份工作不適應了就跳槽轉職，去找更輕鬆的工作來做，也常將「此處不留爺，自有留爺處」當成是一種豁達。

然而他們卻忘記了，很多時候，重新選擇並不代表重新出發，今天沒能解決的麻煩，不一定哪天還會再登門造訪。久而久之，你的年紀越來越大，職場的應變能力卻仍然一場糊塗，最終仍是荒廢了年華。

現在貪圖享受舒服，以後就會越來越艱難；現在敢於面對艱難，堅持下去就會越來越輕鬆。只有堅持下去，才能真正獲得成長，逐漸增進自己解決問題的能力。

在龜兔賽跑的故事中，輕敵是兔子失敗的原因之一，而烏龜的勝利在於它到最後一秒都還堅持努力。

願我們都能做一個直到最後一刻仍不放棄努力的人。

跟緊世界的腳步，用力奔跑

你覺得輕鬆，
不過是因為有人在背後替你扛起了重擔。

按照當今的社會標準，K是個不折不扣的文藝女青年。

前陣子，我在網路上看到有一個名為「狗尾續貂」的續寫活動，要在「我有一壺酒，足以慰風塵」這句話後面再接個兩句。

我看到這活動後，只覺得奇怪：好句子就是好句子，為什麼非要覺得不完整而續寫呢？

可是K並不這麼認為，她馬上交出了答案：「前朝事忘盡，來時路盡歇。」

我早已習慣K投以生活的憂鬱眼光。在我看來，她始終不懂，生活是她一個人也只屬於她一個人的，她真的沒有必要向全世界展示自己的傷口有多深、有多疼。

那陣子，K的精神狀態總是不好，她最受不了出門時突然下起大雨，逛街時發現忘了帶錢，以及談戀愛時對方對她發脾氣……

我們可以體諒一個人在大城市生活的不易，但這不足以成為一個人悲觀的原因。

要知道，現實生活並不是韓劇，天降大雨就會有人給你撐傘，沒帶錢包就會有人請你吃飯。在真實世界裡，周遭的一切都需要自己一個人去負責——別人沒這個時間，也沒這個義務。

沒錯，我們會懷念年輕時的意氣風發，以及那段朋友陪你瘋狂、陪你哭笑的青春歲月。那時的我們因為年輕，尚未有承擔家庭的責任，也還沒有需要面對現實生活中很多讓人無奈的抉擇。

K就是一個深陷在回憶裡不能自拔的人。她說，現在的生活讓她感覺疲累，她很懷念兒時的無憂無慮、天真無邪。

好幾次，我都無法與她繼續交流下去，我不知道身為朋友的我是該罵醒不懂事的她，還是安慰、規勸她要學著長大、學著承擔責任。

那些你以為光鮮的歲月，並不是真正的輕鬆，你覺得輕鬆，不過是因為有人在背後替你扛起了重擔——我們的父母，他們受苦受累地為我們搭起了遮風擋雨的安全屏障。如今，我們已成年，雙親也漸老，是時候承擔起我們做為子女的責任。

成人的生活裡，沒有「容易」這二個字。長大後的我們，必須跟緊世界的腳步，保持精力，大步前進，才配得上更美好的未來。

如今已是三十出頭的年紀，Ｋ仍然不想離家、不想出去工作，她說，想到每天朝九晚五的固定生活模式，就會心生恐慌。

而我的另一位朋友Ｓ，雖然有份穩定又體面的工作，卻對生活充滿了厭倦和抱怨。

S在國內一間知名化妝品公司做行銷主管，待遇很不錯。但是，繁重的工作常使她臉色蒼白，只能靠那些名貴的化妝品來掩蓋她的疲勞。

某一個週末下午，S打電話向我抱怨：「等我賺夠了錢，我一定要炒老闆魷魚！」

我知道S的工作很辛苦，也知道她過得不快樂，但我並不打算安慰她，反而是冷冷地說了句：「所以呢？」

S支支吾吾地答不上來，只說自己感到疲累，還沒想過辭職以後要怎麼辦。

後來，S一氣之下真的辭職，還去了趟英國，回來以後，便開始賦閒在家。

那陣子的她仍然喜歡抱怨，只是話題變成了要找到一份滿意的工作實在是太難了。

因為離開職場將近三年，市場發生了翻天覆地的變化，以S原本的經驗，已經無法因應當今市場的需求。面試了十幾家公司，最後S只徵得很普通的櫃檯銷售員工作。

正式上班的那天，她萬分後悔地跟我說：「早知道就好好珍惜以前在大公司工作的機會，好好修練自己的心性，努力提升自己的工作能力，現在也不至於過得這麼慘……」

S的故事告訴我們：世界不會因為你的疲累而停止前進的腳步。

其實，S的問題並不出在辭職這件事上。誠然，身體是革命的本錢，誰都應該把自己的身體照顧好，也都應該把自己的生活放在第一位——但S明明可以跟老闆說明自己的情況，請個假，好好整頓自己一番。

她也沒必要將工作拋下，哪怕是在英國度假的時候，每天稍微翻一翻時尚雜誌，也能對相關行業有更多的了解，更不至於失去一份好工作。

世上所有的成功都得來不易。那些任何時候都自我標榜堅強的人，也不見得沒有過想要流淚的衝動。

現在大家都很喜歡在動態上炫耀自己過的多幸福，對大多數的「觀眾」來說，難免會在心裡默默感慨：「人家的生活過得多麼精采風光，為什麼就只有我過得這麼悲慘黯淡呢？」

其實，成功的人也有過困難的時刻，只是他們選擇默默承受，而沒有說出來罷了。

那些看似美好幸福的生活，你不知道別人花了多少精力在經營；那些看似高貴亮麗的工作，你不知道別人熬了多少個通宵才獲得。

之所以別人的世界能如此順風順水，皆是因為他們懂得讓自己保持追逐世界的勇氣，而這個世界無時無刻不在向前邁進，所以，保持前進的能力是多麼重要。

網路上有篇熱門文章〈有哪些原本很小的毛病是因為不積極採取治療而最終釀成大禍的？〉底下的回覆果真五花八門，總歸來說，很多我們平時忽略而不重視的細節，都正在以最原始、最粗暴的方式來「報復」我們。

人們通常有過這樣的經驗：在路上走著，突然變天了，如果不加緊腳步，一開始打在身上的是淅淅瀝瀝的小雨，接著很快地就變成狂風暴雨，而我們也會被淋成落湯雞。如果今天不走快一點，明天就必須更努力地奔跑。

這道理人人都懂，卻不是人人都能做到。

每個人都喜歡圓滿的結局，都想跟自己深愛的人長相廝守，都只想做自己喜歡的事，可是這個世界就是充滿無常，很多時候都不會如我們所願。

面對這樣的情況，人們可以發洩，但不能軟弱，哭過以後，還是要挺起胸膛，用追逐進步的心，勇敢面對這個殘酷而真實的世界。

那時，你會發現，因為自己的努力，這個世界開始變得溫暖而美好。而你戰勝了軟弱的自己，這自然是最難得可貴的勝利。

就算摔破膝蓋，也要多拼幾次

活在這個世界上，
我們太容易被別人的評價和目光所左右。

我們的生命並非一路平坦，而是交織著黑暗與光明。身處逆境的人，也有絕處逢生的機會；總是平步青雲的人，也很可能會遭受打擊而跌入深淵。

挫折是每個人命中注定都要經歷的，心態良好的人往往能夠接受惡運洗禮，讓自己一步步變得強大茁壯。

我有兩位女性朋友，之前體型很龐大，那時的她們並肩走在路上，總會成為人們關注的「焦點」。

可是，她們都不想成為這樣的焦點——譬如求職，無論她們多麼精心打扮，在見到面試官另類眼神的那一刻，所有的信心都會在一瞬間化為烏有。

碰壁的次數多了，其中一位朋友開始變得自卑，以她的話來說，只要一看到鏡子，就覺得這世界充滿黑暗。而另一位朋友，也被她悲傷的情緒感染。

那段日子，她們兩人幾乎足不出戶，每天看韓劇做消遣，每餐吃泡麵來度日。

身為她們的朋友，我看不下去，便鼓勵她們：「別擔心、別沮喪，一定會有人欣賞妳們的內在美。」

沒想到，其中一位女孩旋即質問我：「你是在諷刺我們嗎？這麼胖、這麼醜，請問誰的眼睛會穿越這可惡的肉體來發掘我們的靈魂？你會嗎？你會嗎？」

而我立刻回她：「那既然知道是這樣，妳們為什麼不嘗試減肥？為什麼不靠自己的力量挽救自己的人生？」

這一語驚醒了夢中人，她們立即精神抖擻地決定要締造全新的人生。

活在這個世界上，我們太容易被別人的評價和目光所左右。可是，我們若總是將別人漫不經心說出的話放在心上，即使迎合了別人的眼光，也很難活得快樂。

下雨時，鄉間小路很容易變得泥濘不堪。我們可以選擇把小路修成柏油路，這樣就算再大的雨水，也都無法破壞和腐蝕道路的平滑。

當我們還是蹣跚學步的嬰兒時，摔倒過無數次，就算跌得鼻青臉腫，哭過之後，我們還是會繼續學走路。然而，我們長大以後，在人生的路口摔倒時，還可以帶著傷口繼續笑著向前走嗎？

幾個月後，那兩位朋友特意打電話給我，表示她們經過這段時間的努力，成功減下了體重，也成功開啟了嶄新的人生——一位進入夢寐以求的電影公司上班，另一位則交到了生命中第一位男朋友。

真是可喜可賀！此可謂是「控制住了體重就控制住了人生」啊！

這兩位朋友的成功，讓我想起我的同事小紅。兩個月前，她一直想要離職、轉行。

她是師範大學畢業的，從小到大的夢想就是要當一名老師。但是事與願違，入學時學校已經沒有分發的制度，畢業後也沒能順利考過教師甄試。

小紅生性膽小，深怕找不到工作，只好透過姑媽介紹，在親友的公司裡擔任總務。

兩年下來，她發現自己並不喜歡這份工作。每當午夜夢迴，她的老師夢就會一直呼喚她，使她無法全心投入眼前的工作。

於是，她決定辭職，重新出發，嘗試著實現那個埋藏在心底的夢想。

可是，她的面試成績總是不理想。雖然她是師範學校畢業，卻總是在試教的環節被刷下來，甚至有些學校的評審委員還曾直言表示她不是教書的料。

面對重重打擊，小紅感到非常彷徨——尤其獨自一人在大城市裡生活，沒有工作、沒有收入的她該怎麼養活自己？

痛定思痛後，她寫了「懺悔書」，請求姑媽原諒她先前的衝動，然後又回公司，繼續做總務的工作。

我想，今後小紅的每一天，都要在心不甘、情不願的情況下過活了。

選擇有很多，但夢想只有一個，為了這獨一無二的夢想去奮鬥、拼搏，就算摔倒了，咬緊牙關再堅持一下，難道不是為了夢想無怨無悔的表現？而不是更能彰顯這份夢想的偉大嗎？

關卡總是在，困難總會有，但是，關關難過關關過。

活在這世上，並不是只有你一個人會感到悲傷、無奈、彷徨。但是，不管今天遇到什麼樣的難題，明天的太陽依舊會升起，而我們還有什麼是不能挺過去、撐下去的呢？

不逼自己一次，你永遠不會知道自己的能耐

我們不能決定自己的長相，
但我們有能力決定自己的去向。

我從小就不信命，對於媽媽所謂的「人命天定」全然不在乎。我看重的是一個人對自我的定義以及如何進行自我提升。

我認為，每個人的命運，只能由自己來主宰，你要去哪裡、你想做什麼、你會成為怎樣的人，都應該是我們自己做主的事。因此，我從小就有著不服輸的叛逆精神。

我們不能決定自己的長相，但我們有能力決定自己的去向。

春節來臨，許久沒有回家的我終於回家的消息不脛而走，很多許久沒有聯繫的人，紛紛來向我打聽在大城市生活的情景。

我和以前的同學聊起在北京工作時出版書籍的事，他非常驚訝也非常感慨地說：「唉！曾經，我也夢想做一名作家……」

我記得學生時期，他的國文成績非常好，尤其是作文分數。升學考試的成績也很不錯，而他的第一志願本來是中文系，卻遭到家裡人的強烈反對。

他父親的理由尤其蠻橫：「你一個男生讀文學能做什麼，上完高中難道還不能識字嗎？」連母親也說：「去念資工系吧，以後比較有出路！」那年夏天，他過得很辛苦，最終，他不想忤逆家人的意願，只好選擇了資工系。

現在，他確實有著優於大多數同窗的物質生活，還在鎮上買了間房子。或許是因為心底還執著於寫作的那份夢想，他買了很多小說放在床頭，只是，每次捧起，每次讀畢，他都會陷入恆久的沉默。

他告訴我，他很後悔當初沒有逼父母一把，更後悔當初沒有逼自己一把，因為，就算當不成著名的作家，至少現在的他不會徒留遺憾。

人們都說，電影做為一門藝術，來源於生活卻高於生活。起初我不懂這「高明」的點在哪，現在總算有些領悟——電影鏡頭拍不好，導演可以喊「卡！」，錄製可以重來——可是，人生只有一次，錯過了，就是永遠的遺憾。

就像我的同學，他原本確實可以成為一名讓自己引以為傲的作家，如今卻過著他其實並不想要的生活。

不逼自己，就意味著你放棄了自己最想走的那條路、放棄了自己最想要擁有的那種人生。日後就算後悔，很多時候也為時已晚、於事無補了。

我很敬佩那些勇於做自己的人，他們身上有種「明知山有虎，偏向虎山行」的勇猛精神。

或許很多人會認為這是不知好歹，但那些「知好歹」的人呢？他們多數沒有決定自己人生的能力，反而是成為了聽從別人安排的一件擺設。

我以為我的那位同學只是特例，沒想到我的好幾位同窗契友都用羡慕的語氣對我說著——很羡慕你，能去大城市生活。

我們曾經一起在溪流裡捉魚、一起玩捉迷藏的遊戲、一起蹺課到小山坡看藍天白雲，我們一起度過溫暖有趣的童年時光。那時的我以為大家日後還是會一直相處在一起，也一直相信我珍視的他們都會成為勇敢的追夢人。

可惜，現實卻是，只剩我是過著自己一手決定的生活，然後看著他們無盡抱憾的神情與黯然的眼色。

時光呼嘯而過，你當初的願望、小時的夢想都實現了嗎？

我回頭觀望自己的人生。當初並沒有人能肯定我去了大城市就一定能夠實現心中的理想——當年的我也只不過是個剛走出大學校門的青澀學生。

還記得第一次看到高樓大廈、車水馬龍；頂著烈日在陌生的辦公大樓裡進行著一次又一次的面試，然後一次又一次地碰壁；在最困窮的時候，口袋裡只剩下五塊錢，餓得四肢

無力卻吃不起一顆茶葉蛋；後來還曾因為沒錢繳房租，在寒流來的某個黑夜裡迫不得已地睡在破敗的天橋底下……

有很多少時刻，我都以為自己撐不下去了，我都以為自己會在某個關口倒下，但我心裡從未真正放棄。

那個時候沒有太多的勵志故事，只有骨子裡的那份堅強，讓我逼了自己一把再一把，現在，我留下來了、留在這座大城市裡。

我知道，以後的路還很漫長，唯有變得更加優秀，我才能在這裡找到更多的歸屬感，所以我更不會輕言放棄。

令我感到開心的是，在我努力留在城市生活時，遇到了許多和我一樣對未來充滿信心的年輕人。大家志同道合，背負著一樣了不起的夢。他們之所以也能留在這裡，正是憑著那股不服輸的勁頭，那份強逼自己一把的魄力。

不逼自己一把，你永遠不知道自己可以成為怎樣的人、能夠過上怎樣的生活。那些擁有我們所豔羨的人生的人，都不是簡簡單單地就得到的。

我也堅信，每個人的心中都有一束光明，只要你堅持著，不懼風雨，這束光明定會照亮你的前程。

當你努力過，就會明白——通往幸福的道路其實只有一條，而它需要你的勇氣、堅定和執著。

那些沒能成功的人，一定是選擇並習慣將自己留在所謂的「舒適圈」中，當他們為了每個月的死薪水硬著頭皮上班，或者在二十出頭的年紀就迫不及待地走入看似穩定的婚姻生活時，便少了獲得新鮮經驗和全新挑戰的機會。

二十多歲就過起六十歲才該過的人生，是多麼可惜又可悲的事啊！

所以，請記住，夢想都是被逼出來的！人活著就不應該小看自己。為了能遇見的最好人生，遇到困難時，不妨學著逼自己一把吧！

堅持努力，讓自己變得優秀，總有一天會看到光明

從現在起，別再拿現實當做逃避的藉口。

今年最火紅的韓劇非《太陽的後裔》莫屬，主演宋仲基也因此在中國一炮而紅，圈粉無數。

不少人透過網路翻出他在走紅前的曾演過的電影、電視劇，這才知道，原來這位大紅大紫的偶像早已從影多年，挑戰過無數種個性迥異的角色，也努力將每種角色都塑造地活靈活現、有聲有色。

宋仲基的優秀不是一兩天，而他的努力更不是一兩天，所以才能在拍了《太陽的後裔》後，打造出今天的好成績。

幾乎在同一時期，韓國有位歌手也大紅大紫了起來，他的名字是黃致列。

黃致列因為參加音樂節目《看見你的聲音》而打出知名度，這個有著低沉磁性嗓音的男人，卻反差地生得了一張娃娃臉。他聲名大噪後，媒體挖出他的出道經歷，人們也才發現，今日的一戰成名，是他默默努力了十一年的成果。

我的朋友李可，畢業後沒有留在家鄉的小鎮，而是當了一名「北漂」。她表示自己喜歡大城市的繁華榮景，也非常有自信地告訴我們，她終會在北京闖出自己的天地。

到了北京後，周圍的一切都令李可感到新鮮。通過努力，她很快地找到了一份工作，雖然薪水不高，卻讓她有踏實的感覺。

初來乍到，獨自在陌生的城市生活，總會遇到很多難以想像的瓶頸，再加上種種生活開銷所造成的經濟壓力，讓李可漸漸對未來失去信心。

為了盡可能地減少開支，她在離公司很遠的小村落租了一間房，每天的通勤都要耗費四個多小時。

面臨房東收租的時候，她曾應急地在潮濕的地下室中過了幾夜，吸了好一陣子的黴味。為了拼命達成工作績效，她也曾在公司加班到天明，然後在空無一人的辦公室裡餓著肚子昏睡⋯⋯

漸漸地，我發現李可不再上傳生活照片、不再寫有趣的生活記事，甚至不再打電話跟我訴說她的目標或計畫。

有天，李可突然在動態上宣佈自己下個月要結婚了。頓時，大夥兒都一頭霧水，我連忙私訊問她：「沒聽妳提過男友，怎麼突然就要結婚了？」

李可淡淡地說：「我也是剛認識的。」我頓時傻了。

原來，李可覺得生活太過艱難，她認為沒必要這樣一個人苦苦地撐起一切，就想找個人結婚，主要目的也就只是為了婚後讓對方幫她減輕生活負擔。

李可說：「一個人奮鬥太辛苦了，就算你每天像個陀螺一樣轉個不停，也很難看到未來的光明。我真的堅持不下去了⋯⋯」

她還對我說，她已經對現實不再抱有任何幻想，只不過想找個肩膀依靠。她是不夠愛這個馬上要與之結婚的人，可是「愛」又能怎樣？能當飯吃嗎？只要有人願意養她，而且養得起她，這樣就夠了……這還是我印象中那個不服輸又充滿自信的女孩嗎？

跟李可聊完，我腦海裡忽然閃現了一句話——「時光改變了我們，告別了單純。」難道現實就真的這麼可怕？難道除了妥協外，我們已別無他法？

我的另一位同學，因為講話總是口無遮攔，什麼都敢說、什麼都敢講，跟藝人小S簡直有得拚，所以大家都稱她為S姐。

S姐不是那種傳統標準下的乖學生，她不愛學習，所以功課不好，但她有一項讓人佩服之處——特別專注於打網球。

只要學校有網球比賽，S姐總是能在球場上叱吒風雲、大顯身手。為此，很多學弟妹將她視為偶像，而S姐當時的願望是走出校門後能順利進入國家代表隊。

在大學的最後一學期，很多同學為了找實習機會而苦惱時，S姐仍堅持著每天早起，在球場上揮汗如雨。一些同學因為找工作不順利而遭受挫折時，就會趴在窗邊看S姐打球，他們都說，看到S姐風雨無阻地朝著夢想前進的身影，就會讓人對未來重新燃起希望。

幾年後開了同學會，幾乎同學都參加了，唯獨少了S姐。一問之下，才知道S姐去南方工作，已經很多年都沒有回來了。

有同學八卦地問：「S姐為什麼沒有成為網球運動員？」

另一位同學馬上接話，表示S姐在剛畢業的兩年內投了很多履歷，可是一直沒有回音。後來因為不堪生活壓力而接受了朋友的邀請，一同去了南方工作，好像是做絲綢銷售。

難以想像，那時每天夢想成為網球選手的S姐，就這樣屈服於現實的安排。

我曾聽過一句話：當你想放棄的時候，請先想一想，當初是為了什麼而堅持下來的。很多人並非真的想放棄夢想，也並非真的想放棄長久以來對夢想的苦心經營，可是，為什麼到了最後關頭，他們還是選擇走比較輕鬆的那條路呢？

看看那些靠著努力、靠著自身的優秀一步步邁向輝煌的人，有哪個是簡簡單單就獲得了成功？又有哪個沒有在奮鬥的道路上被現實打擊過？只是他們從未因此放棄，就算受過傷、流過淚，摔倒了，就再站起來，繼續朝著既定目標努力。最終，他們才能獲得勝利的成果，讓陽光照進自己的生命。

禁得起寂寞才能守得住繁華。從現在起，別再拿現實當做逃避的藉口，堅持努力，讓自己變得優秀，總有一天會看到光明。

第五章

暴風雨來臨時
能夠支撐你的
只有你自己

風雨中，這點痛，算什麼

那些沒能將你折磨死的痛苦，
有朝一日定能變成你身上最堅硬的鎧甲。

永遠不要覺得自己才是這個世界上最可憐、最痛苦的人，記住，這世界，沒有一種痛是單為你準備的。

著名作家馬德曾說：「塵世的屋簷下，有多少人就有多少事、就有多少痛、就有多少斷腸人。」

馬曉雲身體健康、衣食無虞，但每天一睜眼就陷入極度的痛苦中——哪怕是工作中一個小小的失誤，和同事之間一次細微的彆扭，都能讓她心煩意亂地痛苦一整天。

她最大的口頭禪就是：「我怎麼這麼苦命，今天又要留下來加班。」可以說她是一個時刻都充滿負能量的人，只是她自己對此渾然不知。

有天，她注意到身旁的位置空了很久，那個平日裡總是沉默寡言的女同事好久沒來了。

她向人事部打聽對方的情況，人事經理一臉困惑地回她：「妳不知道？前陣子她後背長了個大腫瘤，請假去做手術了。」

這話如同一聲響雷，在馬曉雲的耳朵裡炸開，她第一次意識到，就在她為生活和工作中那麼一點小小的麻煩而痛苦時，身邊卻有人正在承受著如此巨大的傷痛。她這才明白，平凡人的生活都是一樣的，每個人都有各自的痛苦，你不知道只是因為別人沒說，而別人不說，並不等於痛苦不存在。

有一幅漫畫能讓人醍醐灌頂：

生活在十一樓的女人因為對生活絕望而選擇跳樓自殺，在緩慢的墜落過程中，她看到自己從未知曉的生活殘酷真相：十樓看起來幸福的一對夫妻正瘋狂地爭吵著；九樓對人總露出笑臉的姑娘此刻正在傷心大哭……原來，不是只有自己最痛苦，關上房門之後，每個人都有現實的傷口需要清洗、擦拭。快要墜地的一瞬間，她真的後悔了，可是面對自己的選擇卻只是無能無力。

人生最幸福的事不是每天都活得快樂、從未有過痛苦，而是將人生的酸甜苦辣都嘗過了，那才叫完整。

活著，就是要痛的。

仔細觀察一下周圍，那些有過起伏、波折的人，才值得人們敬畏和尊重。就像演藝圈那些經過奮鬥熬出頭的演員，若不是因為艱難歲月的厚重沉澱，也不會有日後站在領獎臺上的底氣。

如果你仔細觀察，就會發現，幾乎所有人都在經歷著或坎坷、或痛苦的人生。

前陣子，一位一直像是與世隔絕的同事，出乎意料地開始使用社交軟體，發了他有生

以來的第一條狀態，但內容卻相當傷感：最近一年多，家中兩位老人相繼罹患重病，深覺痛苦迷茫。陪著其中一位苦撐了半年，昨天，老人還是離開了⋯⋯

他發這條狀態是因為內心痛苦，也找不到合適的地方去宣洩情緒⋯⋯

然而，世界上有這麼多痛苦，並不是只有你一個人感受到來自生活的艱辛。

這麼一想，似乎自己的那點痛也不算什麼，正如馬德所說的：「在芸芸眾生的痛苦裡，自己的這點痛，真的不算什麼。」

痛苦，終究還是清醒的。快樂雖難得，卻容易讓人沉迷。痛苦是深刻而真實的，宛如一位生活的智者，藉由體驗痛苦，人們更容易獲得許多感想、感觸、感謝。

那些行走在風雨裡的艱苦歲月，鑄造了晴天裡最絢麗的彩虹。

這世上多的是痛苦，張愛玲也說過「人生苦短」，不同的是每個人對待痛苦的方式。

有些人選擇沉迷、抱怨、自怨自艾；有些人卻只把它當成是人生路上的一個小挫折，忍受著、經歷著，在痛苦中磨練出更頑強的自我。

人們通常很容易放大自己的負面情緒，原本一件普通的小事，總是很容易變成自己的心理負擔。

這顯然是不聰明的。

全世界就算有六十億的人口，可真正與我們產生關係的，最多也不過身邊的幾十個。這樣極少數量的人際關係以及這些關係中的喜怒哀樂，則構成了我們的每一天。

所以說，我們並不需要過多地分散精力給其他的人事物，只需要照顧好與這些人的關係即可。

人漸漸長大，一定要學會「減重」，懂得分辨誰才是你真正在乎的人、哪些才是真正值得你付出最多心力的事物。

人活著有太多的欲望——物質、精神，但是這世上所有的征服，本質上都只是來自於對自我的征服。

當你遇到挫折、感到痛苦，實在不應該向現實卑躬屈膝地臣服，把自己看成是十足的可憐人，甚至渴望獲得別人的同情。要知道，強者都是在挫折中應運而生的，越痛苦，越要堅強。

今年過年回家，與我的老同學們見面，彼此相談甚歡。

說起我在大城市的生活，同學總投來羨慕的眼光。可我卻對他們說，由於想要追尋的東西太多，時常感到身心疲累。

沒想到一位同學立即寬慰我：「你還能比我的生活條件差嗎？現在我只要每個月能掙到錢，就已經很知足了。」

是啊！這位同學大學一畢業就結婚生子，如今已育有兩個孩子，為了照顧家庭不得已放棄工作，成為一名家庭主婦。她的伴侶經濟狀況也一般，但我從未見過她為物質生活憂心的模樣。

誠然，很多人的煩惱與金錢有關，總想賺更多的錢，也想讓自己更出名。但畢竟有錢人還是少數，而剩下的這些人難道就注定得要為了達不到目標而深感痛苦？

而我看到的是，依然有些人淡然地享受著他們的生活：有哪樣的能力就享受哪種程度的生活，不給別人添麻煩，也是不給自己添麻煩。

只要保持一顆淡定、寧靜的心，人就可以擁有快樂。那些沒能將你折磨死的痛苦，有朝一日定能變成你身上最堅硬的鎧甲。

所以，在風雨中，這點痛，不算什麼。

孤獨歲月是最好的修練時光

你如何面對孤獨，就將如何迎接成長。

有些路注定是要獨自前行的。那些迎著風雨努力奮鬥的背影，雖然有些落寞，卻有著說不出的震懾力！

不得不說，人的悲劇是自己一手釀成的，在該奮鬥的年紀你選擇了安逸，就注定要在該享受的年紀奔波勞累。

今天工作不努力，明天努力找工作！

二十多歲的年紀，正是為事業全力以赴的大好時光，再多的困難都不要害怕，再多的孤獨都要獨自走過——學會面對人生路上的挫折，你才有資格享受日後的豐盈與美好。

大城市裡人很多，車很多，孤單也很多。

每個人都行色匆匆，都有自己要努力奮鬥的未來。有時候，當人們遭受到創傷，總希望不遠處能有人給自己安慰、鼓勵，哪怕只是靜靜地待在一起，什麼話也沒說。

可是，這些時候畢竟是少的。想要擁抱輝煌，就要學會享受孤獨。

陳奕迅用滄桑的嗓音唱道：「我內心挫折，外向的孤獨患者，需要認可。」但大部分時候，根本沒有人認可，能夠陪伴你的，始終只有你自己。

其實，孤獨歲月才是最好的修練時光。

我的前同事小晴，當我們一起在出版社共事時，她無數次跟我透露，想跳槽到影視傳播媒體公司去做節目企劃。

當時，小晴已經畢業三年了，一直做著編輯工作。她說電影是她這一生的追求，在那些光影之間，有她最溫暖、最執著的夢。

二〇一四年，小晴真的辭職了，開始試著做節目企劃。

我認為小晴的辭職有些衝動，並不看好她未來的發展方向。

果然，兩個月以後，當我再見到小晴，她整個人瘦弱得令人吃驚。吃飯時，她愁眉不展地將這段時間的遭遇告訴我。

小晴說，辭職以後，她很努力地投了履歷，一天都發幾十封，可是得到的回應卻很少，大部分都石沉大海。儘管如此，她依然感到開心，覺得至少離自己的電影夢又近了一步。

接下來，她絞盡腦汁寫了幾篇影評，可以說是發揮出自己最好的水準了。去面試時，也精心打扮自己，還穿上了一直捨不得穿的名牌服裝。

可是，幾場面試下來，通過與面試官的交流，她的信心逐漸崩塌了。

走出應聘的最後一間公司，她再也按捺不住內心的悲傷，躲到辦公大樓的廁所裡，痛哭了一場。那一刻，她頭髮凌亂，妝容也花了。

小晴說，她沒想到，要進入影視圈竟會這樣困難。她既沒有一千部的閱片量，也還不會寫劇本、不會寫電影企劃，更沒有什麼娛樂圈的人脈資源。

種種跡象看來，她無論如何都不可能成為一名影視工作人員。

我在一旁聽著，真的不知道該要怎麼安慰她。那天，曲終人散，連我們的告別都有些心事重重。

因為工作忙碌，以後有很長一段時間，我跟小晴都沒什麼聯絡。直到有天接到她的電話，約我在某個地段的餐廳吃飯。

一見面，小晴就有些興奮，眉宇之間皆是意氣風發。她告訴我說，她明天就要正式入職一間影視公司啦！

聽到這話，我有些詫異，連忙追問她是如何「逆襲」突圍的，然後就聽到一段關於

「宅女修練成功」的故事。

面試結果的確令小晴很痛心，但她只給了自己一天的時間用來傷感。那之後，她不再隨便投簡歷或到處跑去面試，而是總結了面試官們所提出的要求，將其逐一書寫在筆記本上。

為了提高閱片量，她把自己關在房間裡，沒日沒夜地看電影，從懸疑驚悚到浪漫喜劇，每種類型的影片她都看，也溫習了不少經典影片。

然後，她又從網路上找了些經典劇本，學著分析、思考人物之間的設定等，直至她開始嘗試寫出第一個字。

那段時光，當然充滿了孤獨以及對未來的種種懷疑，但她沒有停止前進的腳步，內心總懷有滿腔熱血，隨時都能澎湃起來。

四個月的時間下來，她幾乎快要變成超級宅女。要知道，以前的她可是很喜歡逛街的人，現在竟然可以為了心中的理想，將生活模式來個大翻轉。

小晴說，看完影片的時候是最孤獨的，想跟人分享一些自己的看法，卻發現空蕩蕩的屋子裡，除了自己，再沒有別人。

有陣子，這座城市的天空萬里無雲，陽光從窗臺傾瀉下來，惹得她很想出門走走、到處逛逛，可一想到自己的夢想，她還是忍了下來。

當她接到錄取通知時，感覺整個人像飄浮在空中。

到了第二天她才驚訝地發現，經過這四個月的努力，自己的確累積了不少的閱片量，對劇本的創作也有了一個大概的了解，還機緣巧合地在網路上結識了幾個志同道合的朋友呢！

孤獨歲月，是一個人最好的時光。沒有任何繁縟的事情可以打擾，清清靜靜地修行——你想看書、想看電影、想寫點東西，都可以。這段無人打擾的時光，只要你好好利用，終究會變成值得回憶的過往。

反之，那些空閒下來就嚷著寂寞、總要靠人陪伴才能支撐歲月的人，都是江湖中名不見經傳的「空虛寂寞冷」。

比如我的一位好友前陣子來北京，因為我工作太忙抽不出時間，她整整兩個禮拜都只是宅在家哪裡都沒去，心心念念的故宮、北海、頤和園，仍然只是通過電視或網路看看它們的風采罷了。

你如何面對孤獨，就將如何迎接成長。

成年人的生活沒有「容易」二字

拼上你的全部去努力，
天黑之前終能抵達理想目的地。

我的姑姑是名女強人，自己開了兩間公司，打拼多年後，在這座城市購置了兩套房產，裝潢得也都不錯，那些落地窗就是我夢想中的模樣。

週末，偶爾我清閒下來，會去姑姑家做客。

因為有專人清掃，姑姑家的房間總是一塵不染，陽光灑遍地面。但是，洗手間太過乾淨，我關上門的那瞬間，總害怕自己不夠小心會使它變髒。

心底那份小心翼翼的自卑感，總會悄悄探出頭，或許是在姑姑和我吃飯的時候，或許是在她找我一起上街購物的時候。

出門時，姑姑開車，即使副駕駛的座位沒人，我也不敢僭越。每次跟家裡通電話，都會說自己相當嚮往能過上像姑姑那樣的生活。

可是，就在前不久，像往常一樣我去姑姑家做客，還特地在樓下的水果店買了新鮮的蘋果和橘子。

按門鈴，姑姑過了很久才來開門。

一進門，我就注意到了姑姑臉上的淚痕，雖然明顯地擦拭過，可眼窩裡還是留下了紅紅的印記。

我想問她怎麼回事，但不好意思開口。

雖然姑姑是我在這座城市裡唯一的親人，但她是個女強人，我從來不敢在她面前造次，現在就連關心也做不了，只能默默地坐到那張熟悉的淺綠色沙發上。

過了許久，姑姑輕輕走到我的面前，忽然像個多年未見的朋友一樣，說了句：「今天不出去了，我們聊聊心事，好嗎？」

我愣住了，然後聳聳肩膀表示：「沒問題。」

這是姑姑第一次跟我聊起自己的脆弱。

以往，她總是像個女漢子一樣，告誡我既然來到異鄉，就不能夠有投機取巧的心理，一定要靠自己的努力混出個人樣，還講了些聽上去很苛刻的人生道理。

我對此並不反感，想著或許正是因為這些，她才能夠過上今天的日子吧！

但現在不一樣了，她不但很溫柔地跟我講話，眼眶紅得像又要哭似的。她難過地告訴我，姑丈要跟她離婚了——她早已失去美滿的婚姻，只剩下這兩間房子。

短短二十分鐘，我聽完一個女強人在堅硬外表下無比悲愴的人生。

姑姑和姑丈結縭十多年了，為了事業，姑姑放棄生孩子的機會，全心投入到工作中。

隨著經驗越來越豐富，人脈越來越廣，五年前姑姑賭上自己的全部家當，開了一間代理公司。如今五年過去了，她付出了全部的努力，將公司打造成某品牌的第一大代理商。

白手起家，今日的輝煌是以十多年的艱辛、付出所換來的。

她原以為，經濟條件寬裕了，她跟姑丈的生活就會變好。沒想到，因為這些年的忙碌，兩個人的感情越來越淡薄，加上他們之間沒有孩子，很多矛盾漸漸浮現出來，等到她想解決的時候，才發現這些問題早已打成了死結。

姑丈並不是那麼上進的男人，他一直跟姑姑說想要個孩子。可每次姑姑總會跟他大吵：「那我的工作怎麼辦？我的事業怎麼辦？」

於是，她的公司穩定地向前發展，她的事業有成，但她的家庭面臨瓦解。

我曾去過姑姑的辦公室，在一幢很高的大樓裡，辦公室布置得很精緻：色調是清雅的淺綠，跟家裡的沙發是一樣的風格；辦公桌上整齊地擺放了許多文件，錯落有致；花瓶裡插著嬌豔欲滴的紅色玫瑰，散發出清幽的香氣。

不管是從哪方面看，這個女人都從容、優雅，讓人心生敬畏。

可誰能想到，在結束每一天的忙碌工作後，關掉辦公室的燈，轉動鑰匙、發動汽車，她卻不知道該開往哪裡。

曾經，我以為姑姑的人生很完美，她也一直是我的榜樣。直到那天，我才明白：「成年人的生活裡沒有『容易』二字。」

那些令人豔羨的生活與光彩，都是別人承受著超越旁人的痛苦並付出了他人想不到的代價所換來的。這世上，或許根本就沒有十全十美的人生。

離開姑姑家前，我很想問她對這一切後不後悔，但最終也沒有開口。

下樓時，我對著那個熟悉的窗臺望了一眼，得到了我想要的答案——此時此刻，她像

電影《花樣年華》裡終於將秘密說給樹洞聽的周慕雲一樣，卸下了心中的負擔，臉上又重現出笑容。

我們常羨慕別人的生活，自以為已經足夠了解其中的一切——我們看著別人風光，看著別人在這座城市裡買房買車，看著別人生活安定富裕，我們以為那裡面全是照耀不到自己的光輝，卻忽略了這些繁榮背後深藏的是令人心驚肉跳的巨大荒涼。

再講我另一位朋友的故事。

進入社會後，我們不再到學校上課，卻還需要保持不斷學習的能力。K很喜歡看電影，他對這世界的認知，大部分來自於電影、書籍。

高爾基說：「書籍是人類進步的階梯。」可惜偌大的城市，僅有一部分人把這句話當成了人生真諦。

遇到K，大概是我這輩子最幸運的一件事了。

最近，K很喜歡《天氣預報員》這部電影。

記得上次見面時，他很固執地向我推薦這部電影。當時我覺得，可能這部電影確實觸動了他某些情感。

我很羨慕K能有很多時間去看電影。

一天只有二十四個小時，我不知道這個傢伙怎麼能把一半的時間都拿去看電影。直到有天我接到K的電話，他意外地被鎖在公司裡。

K所在的公司是一家影視集團，他對電影有著近乎瘋狂的熱愛，為了每天能有足夠多的時間看一到兩部電影，他都會主動留下來加班，且不要求加班費。

他加班的目的是為了把第二天的文案提前完成，好騰出時間來看電影。用他的話來說——既然選擇影視這行，就要全心投入地去做；既然注定要看很多電影，就算再怎麼忙也要擠出時間去看。

做為一名普通的編劇，K的夢想是將來能夠寫出一部票房大賣的電影。

「不是那種投機取巧、濫竽充數的商業片，而是真正有內涵、讓人看過後銘記在心的經典電影。」K自信滿滿地說。

所以為什麼同樣的時間，別人能完成在你看來難以想像的事、能做到令你感到驚訝的成績，其根本還是遵循著魯迅所說的道理——時間就像海綿裡的水，只要願意擠，總還是有的。

而K看似輕鬆言笑的背後，是他無數次用與時間賽跑的努力所換來的愜意。

那之後，我再也不譏諷他是個只知道娛樂的文藝青年。畢竟，在還沒有真正了解別人的生活前，誰都沒有資格對別人的一切妄下評論。

後來，我終於看了那部令K念念不忘的《天氣預報員》，裡面有句經典臺詞：「要得到有價值的東西，你就得做出犧牲。你知不知道，難做的事和應做的事，往往是同一件事，凡是有意義的事通常都不會容易。」

現在的我，已經不再整天埋怨夢想太大而時間不夠了，也已經不再覺得明明很努力卻沒有好的結果，因為我知道，每個人的生活都不容易，別人可以帶著微笑戰勝困難，我也一定可以。

最好的人生，從來不是一馬平川、風平浪靜的，而是一路乘風破浪、披荊斬棘的；最好的生活，也從來不是一成不變，如一潭死水般的，而是靠著自己的努力，一點一滴把它過成想要的模樣。

給自己一點鼓勵，讓自己去嚮往的地方，實現最美的願望！當你走過了一個又一個路口，你終將迎來綻放的花期。

成年人的生活裡沒有「容易」二字，畢竟，太容易得到的東西誰又會去珍惜？所以，拼上你的全部去努力，天黑之前終能抵達理想目的地。

措手不及的暴風雨，會讓人演奏出生命的最強音

別去理會別人的雜音，
你的人生指揮棒一直是握在自己手中的。

我聽過一則很有趣的小故事：從前，有戶人家的菜園裡冒出了一塊大石頭，到菜園工作的人，總是會不小心被這塊石頭撞傷。

次數多了，女兒就問爸爸：「為什麼不把那塊討厭的石頭挖走呢？放在這裡多礙事啊！」

爸爸卻笑著說：「那塊石頭從你爺爺在的時候就一直放在那兒了，那麼一大塊是不容易挖動的，還不如留下來訓練我們的反應能力。」

後來，女兒長大了，有了自己的家庭。

一天，她帶著自己的孩子來菜園裡摘菜，突然遠處傳來「噗通」一聲，她回頭一看——兒子摔倒了，就像她小時候一樣，被那塊大石頭給絆倒了。

她趕緊跑到兒子身邊，把他扶起來。這時，兒子對她說：「媽媽，這塊石頭太礙事了，我們一起把它挖走吧！」

她笑著說：「傻孩子，以前我也讓你外公挖過，可是這塊石頭太重了，就讓它一直待在這吧！你走路小心一點就是了。」

孩子雖然對媽媽點了點頭，卻找來了小鐵鍬，一下接一下地使勁挖著石頭。不一會兒，他就滿頭大汗，可他堅決不放棄，休息了一會兒，就繼續幹活。

終於，這塊石頭開始鬆動，原來它並不像表面上看起來那麼牢固。

很多事情如果你不親自去嘗試，永遠搞不清楚事情的真相。就像這塊石頭，其實它本身不是一塊頑石，而是你的心裡長了一塊阻礙自己前進的頑石。

在日常生活中，這些頑石有些代表別人對你的評價，有些則是你對自己不夠堅定的看法。

當你因為表現不同而受到周遭人的歧視、質疑和指責時，你應該比以往更堅定——要知道，總有人在過著與眾不同的生活，只要這種生活必須是遵從你的內心、是你嚮往且享受的，那才值得尊重。

可是現實生活中，人們習慣於仿效，覺得與大多數人一樣，才會讓自己有安全感。為此，常因為別人三言兩語就擅自改變自己的本意。

別人說幾句「年紀大了就應該早點嫁人」，我們就會感到心慌，哪怕目前確實沒有合適的結婚對象。

別人說幾句「在外面混再久也只是浪費生命掙不了什麼錢，還不如早點回家算了，生活還能穩定一些」，我們就會動搖那些打算在外面闖蕩的決心，哪怕心中還有夢想等待實現……

當你越來越不相信自己的選擇，對未來的方向失去了辨認，頭腦就會容易陷入混亂，會對面前的一切產生猶豫，沒有自己的主張外，生活也會隨之變得慌亂。

為了要把生活變得簡單一點，你的首要任務是堅持信念——我的未來我做主。

著名勵志作家路易士．賓斯托克說：「真正的勇氣就是秉持自己的信念，不管別人怎麼說。」哪怕全世界都反對，只要你堅信自己是正確的，就請你堅持下去，無怨無悔。

第一次看到劉偉，是透過一檔選秀節目。

當他用一雙腳彈奏出一首完整而優美的鋼琴曲時，我徹底被其折服。正如主持人說的那樣，難以想像這位失去雙臂的男生是如何變成「鋼琴王子」的，但可以肯定的是，他為此付出的辛苦一定是常人難以想像的。

小時候，劉偉在野外跟小朋友玩遊戲，不小心觸碰到高壓電，一陣暈眩後便倒在田地

上。幾個小時過去，他在手術室中醒來，那一刻，他永遠地失去了雙臂。

對一個剛滿十歲的孩子來說，這是一件多麼殘忍可怕的事情，可劉偉並沒有輕易放棄自己的人生。

他開始學著用雙腳洗臉、刷牙，甚至是洗衣服、做功課，他沒有因為自己是殘疾兒童就放棄讀書，反而變得比以往更加用功。

剛開始，他碰不到自己的臉，雙腿彎曲的時間一長，還會產生撕裂般的疼痛。寫作業時，腳指頭因為不夠靈活總是夾不住鉛筆。但他咬牙堅持，小小的他知道，靈活運用雙腳是他今後唯一的希望。

皇天不負有心人，隨著他的多次練習，漸漸地，他可以很好地掌控自己的雙腳了。後來，他甚至報名參加了學校的游泳課，還取得了不錯的成績。

一次偶然的機會，劉偉從收音機裡聽到了一首美妙的鋼琴曲，他入迷了，馬上跑到媽媽跟前說：「媽媽，我想學音樂。」

在媽媽的支持下，劉偉報名了鋼琴班，跟老師學習了基礎知識後，便開始艱苦自學。

周圍有人不相信劉偉能彈鋼琴便說：「鋼琴對於正常人學起來都困難，一個殘疾人能行嗎？等他玩膩了，肯定就放棄了！」

聽到這樣的話，劉偉並不心急，他心裡明白：要堅定信念，未來是在自己的手中，而不是在別人的口中。

確實，學習鋼琴對於正常人來說，如果沒有大量的練習、沒有堅持的勇氣，也是很難學成的，況且劉偉是失去雙臂的孩子，他只能用雙腳來彈奏鋼琴。

但他沒有放棄，硬是憑著一股頑強的毅力，日復一日地練習。

當他能用雙腳非常流利地彈奏出貝多芬的《命運交響曲》時，就已經向這個世界證明了自己的成功。

當我們在追尋夢想的路上遇到挫折的時候，當我們偶爾受到別人的白眼、被別人嘲笑

而躊躇不前的時候，想想無臂少年劉偉的故事，大概對未來會更有信心，也會堅定許多。

很多時候，成功不僅依靠個人自身的能力，更需要靠那股堅持的勇氣。

受制於別人的看法而左右搖擺的生活不會幸福。讓思路清晰一點、讓信念堅定一點，別理會別人的雜音，你的人生指揮棒一直是握在自己手中的。

你以為是別人不夠努力，其實是你不夠聰慧

你所看見而自以為是真理的一切，說不定只是那人身上的冰山一角。

很多時候，你以為是別人不夠努力，其實是你不夠聰慧，沒看到別人的付出，也沒意識到自己有多愚昧。

真相，有時候要靠心看，而不是眼睛。

國中時，班上有個留平頭的男生令我印象深刻，他總在上課時睡覺，卻總能在每次考試中輕輕鬆鬆地拔得頭籌。奇怪的是，他從未上過補習班，只是跟我們一樣寫寫老師出的作業。為此，很多同學給他起了個「神童」的外號。

神童很喜歡理科，尤其喜歡做實驗。每次上物理課、化學課，神童定是不睡的，不等老師點名，他總是積極地舉手發言，主動要求參與實驗，甚至因為上臺次數太多，老師不願意再「搭理」他。

如果不是無意間的一次發現，我想我這輩子都會認定嗜睡卻成績好的「神童」是靠老天爺吃飯的。

事情發生在某個夏天。有天，準備要晚自習時，我從廁所出來正要回教室，在不遠處的角落，看到一個瘦小而熟悉的身影。

那個身影蹲在地上，手裡不知摸著什麼東西。好奇心驅使我走上前去，仔細一看才認出此人正是神童。

「你在幹嘛？」我大聲問道。

神童似乎一點都沒被我嚇到，反而很開心地向我招手，邊笑邊說：「你看，這好像是四葉草啊！」

我大吃一驚，那時學校正流傳著四葉草是幸運草的傳說，找到四葉草的人就一定能獲得幸福。

於是我走上前，草叢中果然有株小草與別的植物不同，淺綠色的葉子，不多不少剛好有四片。

「只是這形狀怎麼看起來有點怪啊？」我問神童。

他「噗哧」地笑了，露出一排潔白的牙齒：「傻呀！這是我剛剛研製出來的四葉草而已。」

我這才反應過來，原來他是把草上其他的葉子摘掉了，只剩下了這四片。

神童大概是看出了我的疑惑，他說：「我每天上晚自習前都會來這裡走一走。操場這麼寬闊，圍牆下生長著很多不平凡的小生命，就算它們不是什麼真正的奇花異草，也總有可愛之處吧！」

而神童書包裡常常會散發出一股怪怪的味道，後來我才發現那是他跟老師要的，做完實驗後剩下的硫酸銅、碘酒之類。

我漸漸明白神童為什麼成績那麼優秀了——他看似沒有認真聽老師的講課，卻會在課後把所有功課都弄清楚。

比如化學，他會利用那些剩餘的材料做實驗，弄清楚它們之間的化學反應；比如生物，他會運用一切可利用的條件，去尋找一些植物、昆蟲來進行觀察研究。

畢業前夕，大家互相贈送禮物，神童送了我一個他親手製作的蝴蝶標本。為了消除我的顧慮，他還特意告訴我說，相框裡的蝴蝶在被製成標本以前，就已經死掉了。

當我們不了解一個人時，最好不要妄下定論——你所看見而自以為是真理的一切，說不定只是那人身上的冰山一角。

就像神童，其實他跟班上很多普通學生一樣，沒有太聰穎的天資，只不過是找到了最適合自己的學習方式。

而那種只看到別人睡覺、沒看到別人用功就想當然耳地認為別人不夠努力的行為，反而是愚蠢而可怕的。

或許你身邊會有這樣的同事——他上班經常遲到，每個月還會請個幾天假，卻總在會議中受到老闆表揚，升職加薪也都比你快，為此你一直耿耿於懷，深感不服。

可你捫心自問，是否真的看到了別人的全部？

當你愜意地享受著每個週末、假期時，這位同事或許正陪著老闆到處應酬；當你早早收拾公事包準時下班時，這位同事正為新的企劃案忙得熱火朝天；當你打遊戲、逛網拍、滑訊息時，這位同事或許正在寫企劃、整理檔案、聯繫廠商……等。

慢慢地，你就會發現，當公司有任何重大難題時，第一個在前方衝鋒陷陣的永遠是這位同事。所以，只盯著別人不夠好之處就認為他不夠努力，正是自己顯露出愚蠢醜陋面的時刻。

那些謙虛的人，會把自己的成功說成是幸運。正如很多明星在接受採訪時總會說，當初只是很幸運地考上了戲劇表演科系，才能有今天的一點小成就——如果你把這話當真，那你就太天真了。

誰都知道，想要成功必須付出很多努力和心血，必須吃很多苦頭，必須熬過一段相當漫長的黑暗歲月。想想現今在影壇上大紅大紫的那些名人，有哪個不是從小角色開始扮演起來的？

歌手楊坤在未成名前，住在北京某處的一間地下室，最窮時甚至買不起一頓午飯；周星馳在成為星爺之前，曾跑了十多年的龍套，用他在《喜劇之王》裡的臺詞來說，那時候就是個「死跑龍套的」；而已經去世的張國榮也曾因賣不出一張唱片被經紀公司嫌棄、解僱……

當他們成功了，嘴角掛著的那一抹微笑似乎那樣雲淡風輕，對過去的那些苦難似乎也不那麼在意，可是也只有他們知道自己挺過了怎樣的險境。

當然，他們不會告訴你這個過程有多難，只是聰明人都懂，那一定是拼上了自己的所有，才能換來今日的成就。

人們總是輕易地羨慕別人所擁有的財富、地位、名聲，卻不願花費心思去思考、體會別人的奮鬥歷程。

要相信大多數人的智商都差不多，不要迷信誰是天才，人與人之間之所以會出現差距，主要是因為每個人在別人看不見時所做的努力程度並不相同罷了。

拼盡全力，把今天當做生命中的最後一天

衝吧少年，不要等明天才勵志。

韓劇《我叫金三順》中，主人公是個胖女孩，對待戀愛很認真，卻因為外表醜陋而被男友甩了。

後來，她憑藉出色的技藝應聘到一間蛋糕公司，迷戀上又帥又年輕的「鮮肉」店長。為了得到這份愛，金三順付出了莫大的勇氣及全部的努力。當然，電視劇最後的結局自然是他們走到了一起。

劇中有一段很激勵人心並值得學習的臺詞：「去愛吧！像不曾受過一次傷一樣；跳舞吧！像沒有人會欣賞一樣；唱歌吧！像沒有人會聆聽一樣；幹活吧！像不需要金錢一樣；生活吧！像今天是末日一樣。」

這種態度真是灑脫。

當壽命的期限越來越近，當人們意識到快要失去某樣東西時，我相信，任誰都會感到恐慌——因為不想失去，所以要更用力。把今天當成是最後一天那樣生活，要表達的正是一種積極向上的力量，發誓要將全身的精力都用盡，不計任何代價與回報，酣暢淋漓地活一場。

可是，很多人想到沒有明天，就陷入消極、頹廢、死氣沉沉的狀態。

同事張姐經歷過一次不幸的婚姻，從那以後，她便開始有意識地遠離所有男性，除了必要的工作聯繫，一概不參加任何有男性在場的聚會。

很多同事都勸她不應該有這種荒誕的想法，沒必要因為一個男人就把自己的心完全封閉起來，可是怎麼勸說都沒有用。

張姐那時還年輕，剛剛三十二歲，按理來說，她可以好好調整心情，重新迎接一個女人的美好生活。但事實卻是，從離婚的那天起，她就步入了一個無人知曉的黑洞，好幾次都從噩夢中驚醒。

漸漸地，她的精神越來越不好，也不再嚮往愛情、婚姻。後來，周圍的同事開始不願靠近她，怕被她的負能量傳染，也變得不熱愛生活。

張姐似乎也發現了這一現象，可是她仍然沒選擇改變，每天對生活露出苦瓜臉。她常對我說的兩句話就是「活著真是件痛苦的事」以及「天下沒一個男人是好東西」。

可想而知，她的人生有多麼痛苦。可是，她沒有意識到，這種痛苦是自己帶來的，她把活著的每一天，都變成了真正的世界末日。

反觀，另外一位王姐就不同。

三十五歲的王姐很早結婚，現在已有了一個年滿十一歲的兒子。王姐的生活也有不幸，倒不是因為離婚，而是丈夫五年前在跟一幫朋友聚會時，因為喝了太多酒而不小心酒精中毒，最終導致癱瘓在床。

一個活生生的正常人在一夕之間變成連話也不能說的「廢人」，這對家人來說會是多大的打擊。事情剛發生的那半年，王姐幾乎天天以淚洗面，當時孩子就要上小學了，家庭的重擔、孩子的學費全都落到了她一個人身上。

為了不讓整個家垮下，王姐還是擦乾眼淚，咬緊牙關跟生活硬拚。她對我說，事情已經這麼糟了，她不怕還會更糟。

如今的她，真的把活在世上的每一天都當成是最後一天在努力。

過去的幾年，她連續三次被部門經理推薦並被公司評選為年度優秀員工。後來還曾被選為當地最具模範精神的優秀代表，兩次登上當地晚報頭條。

看看現在的王姐，面色紅潤、氣質好，不但自己一手把兒子帶大，多年來更是對癱瘓在床的老公不離不棄。一家人的生活和和美美，絲毫沒有因為那次的不幸而損耗一丁點的幸福感。

同樣令人難過的遭遇，為什麼他們的生活卻天壤之別？為什麼兩個都曾遭遇世界末日

的人，一個在最終收穫美滿的生活，一個卻變成了人人都嫌棄的怨婦？

其實，把今天當做末日來過的人有兩種：一種是消極到不可自拔、深陷泥淖而不願面對現實真相的弱者；另一種則是積極勇敢、不願向現實妥協的勇士。正是對待生活完全不同的兩種態度，造就出了兩種截然不同的人生。

到現在，我仍跟王姐保持著很好的友誼，和張姐卻早已不再聯繫。

去年，一個偶然的機會，我從其他同事那裡得知，張姐辭了工作，回老家去了。我聽到這個消息時，沒有一絲一毫的訝異，反而打從心底替她鬆了一口氣。

或許，對她來說，城市早已變得荒蕪，老家才是能讓她安心的地方。

我們所有人最後都會離開這個世界，只是在那天到來之前，真心希望所有人都能把今天當成是生命的最後一天，全力以赴地去學習、工作、戀愛、生活，就算最後事與願違，至少不會留下遺憾。

如同奔跑著衝過終點時那般大汗淋漓，這感覺你多久沒有體驗過了呢？拼盡全力，把今天當做是最後一天，那你就能擁有這種無比珍貴的經驗。

衝吧少年，不要等到明天才勵志。你所要做的就是——立即行動，去做任何一件你現在就想要做的事。

第六章

敢於付出勇氣
才能改變生活的格局

你敢無比純粹地勇敢一次嗎？

記住，曾經的你在遠方，最好的你在路上。

我們的身體有種名叫生理時鐘的東西，總會在潛意識裡帶著我們前往熟悉的地方、做著我們熟悉的事情，讓我們將一切都安放在「安全領域」裡。

有的人待在自己的安全領域中過完他的一輩子，也覺得很愜意。但是，有的人走出這片熟悉的領域，是為了能讓自己看到更多未知的美景。

我的哥哥一直從事鋼鐵業，近幾年，因為鋼鐵、煤炭的產能過剩，哥哥所任職的企業幾乎全年停產，甚至還因此引發了一連串的裁員。

然而，哥哥雖然暫時保住了工作，但薪資卻由原來的四萬元降到了三多萬元。這對於必須承擔一家五口生計的他來說，是很大的打擊。只要我回家，就會看到他愁眉不展的模樣，我知道，他在為未來發愁。

對於三十歲的我來說，工作變動是還可以承受且很快會好轉的，但是對於如今已經年過四十歲的哥哥來說，真可謂是「牽一髮而動全身」。如果他真的辭掉穩定的工作改做別行，也不能保證將來會過得比現在更好——畢竟社會進步的速度如此快，他對資訊、科技、網路又一竅不通，還真不知道能做什麼。

我能體諒他的顧慮，但並不支持他留下來，繼續做這份看似穩定的工作，因為這其實是一種勉強、一種苦撐。而這種穩定，給不了他追求進步和自我提升的空間，反而帶給他更深沉的絕望，猶如一名癌症末期的病患，只能苟延殘喘。

我離家前，哥哥仍未做出決定，我以為他這一生就是如此了。沒想到，某天下午我接到他打來的電話，告訴我，他已經申請辭職，現在正在找工作。

結束通話後，我除了為哥哥做了這項決定而感到開心外，更多的是對他的敬佩。

一個禮拜後，哥哥又打電話給我，表示他已經獲得了新生。

改變，並不全然是件壞事。

對於像哥哥這樣的人來說，人生最好的前二十年全部奉獻給看似是鐵飯碗的行業，接下來的人生，倘若能給自己一個純粹勇敢的機會，就能擁有全然不同的一片天。無論是精彩還是平凡，在他做出決定的那一刻，已然值得接受掌聲和喝采。

在現實生活中，很多人不是輸給別人，而是敗給自己。就拿「早起」這件事來說，有多少的雄心壯志、美好理想，都夭折在一覺睡到中午的自然醒之中。

我曾經是個非常熱愛制訂計畫的人，但我的失敗之處就在於——計畫做得波瀾壯闊，行動卻如巨人面前的侏儒。終於，長期賴床的惡習使我的身體狀況急遽走下坡，我從身強體健的人變成了藥罐子。

從前好幾年只會感冒一次的我，現在只要一換季都得吃上數十包藥，有時還得吊點滴、打流感疫苗。就連嚮往已久的海外旅行也因此被耽擱許久。

直到有天，我克服了睡意，漫步於清晨的城市中，才發現，天空竟然如此清亮，人群也不像尋常那般擁擠，時光居然可以這麼靜若無波，這天的時間似乎變得更為充裕，甚至還有種「賺到」的感覺。

這一點小小的突破，使我度過了非常充實的週末。嘗試到這次突破所帶來的特殊體驗後，我愛上蛻變的自己，也愛上新鮮有活力的人生。

其實，面對事情又何嘗不是如此呢？很多事情思前想後，在沒行動前的確無法預料可能會發生的後果，但是只要給自己多一點勇氣，勇敢地接受挑戰，改變一點生活習慣，你將會遇見更好的自己。

太多事例能用來證明「既然選擇了遠方，便只顧風雨兼程」的道理。每個人都要對自己的人生負責，也只能對自己的人生負責。要知道，你永遠叫不醒一個裝睡的人，也永遠等不到一個不愛你的人。

哪怕只是在無風無浪的平靜生活中偶爾做點小改變，也能給自己更多的樂趣，不是嗎？

曾經，我的鄰居小扣非常不喜歡做飯，可是有一天，他突然轉變了，買了鍋碗瓢盆，自己動手做起飯菜來。

後來的他憑藉著精湛的廚藝交到了女友，自己的飲食變得規律，生活也開始井井有條。

我還有一位女性朋友，從小性格豪爽、不拘小節，到處與人稱兄道弟。她從不認真打扮自己，始終不願意化點妝，好好打理一下外貌。很多異性起初都對她充滿好感，最後卻都只把她當成兄弟看待。

她慢慢意識到這個問題，開始購買化妝品，並翻閱許多時尚雜誌、訂閱不少彩妝頻道，認真學習穿著搭配。

幾個月後，當她再次出現在我們面前時，已經是一隻徹頭徹尾的「白天鵝」了。可想而知，會有多少異性想重新追求她？

必要的時候，讓我們拿出一份純粹的勇敢。

這份勇敢，將見證、成就你的與眾不同。或許在做決定時，你會因為對未來有不確定感而產生質疑；也或許這種改變，感覺有些辛苦，但只要你鼓起勇氣，提起你的腳跟、邁開你的腳步，就會發現能夠持續努力是種莫大的快樂和幸運。

記住，曾經的你在遠方，最好的你在路上。從現在開始，拿出一份純粹的勇敢，為自己打造全新的生活吧！

去做更有挑戰性的事，能力都是培養出來的

今天你試著去做別人不願做的事，
明天你才能做到別人做不到的事。

人不要輕易地否定自己，沒有經驗沒關係，能力都是培養出來的——人活著，就要勇於接受挑戰。

蘭心是一間公司的職員，對待工作，她一直非常認真，深切地渴望自己的努力能被主管認可。

蘭心的同事曉紅則是只顧眼前的人，有時還會趁機偷懶、混水摸魚，曉紅常說：「人何必為難自己？每天都輕輕鬆鬆地過日子不是挺好的嗎？」

然而，公司因為暫時找不到適合的企劃人員，老闆決定從員工中挑出具備企劃能力的人才來栽培，薪資待遇當然也會大幅提升。

蘭心一聽到這個消息就萬分動心，她認為人應該往高處走，去挑戰更難的任務，蛻變成更優秀的自己。於是，她很快就將報名表繳交至企劃部。

曉紅時常嘲諷蘭心：「妳沒事湊什麼熱鬧啊？做行政的怎麼寫得出文案？」

內部轉職要經過幾輪嚴苛的篩選，方能決定是否適合調動。第一輪是關於試寫指定的企劃案，滿分一百分，起碼要得到八十分才能通過；最後一輪則是由企劃部經理親自面試，這自然得具備大量的相關知識以及強大的心理建設。

蘭心當然明白這些，為了能順利通過篩選，她幾乎每天下班都會主動留下來加班，向公司企劃部的同事請教些專業知識。

而曉紅依舊是全公司第一個打卡下班的人。

一個月後，轉職測驗進入了最後一階段。只見蘭心穿著正式的套裝，莊重地整理好儀容，面帶笑容地走進了企劃部經理的辦公室。和企劃部經理對談的過程，她的臉上始終帶著燦爛的笑容，對經理提出的問題幾乎都能對答如流。

半小時後，蘭心從辦公室走出來，馬上就有同事對她說：「蘭心，能跟經理交談這麼長的時間，這次準備得很充足呢！」

聽到同事的鼓勵，蘭心覺得更有信心了。

三天後，蘭心正式成為公司的企劃人員，而她也必須將目前手上的文書工作交付給曉紅。

交接工作的時候，曉紅一臉不快地對蘭心說：「公司也就兩名行政人員，現在，所有的行政工作都變我一個人來做，豈不是要累死我！」

蘭心沒說什麼，只是默默地收拾好自己的東西，到企劃部報到去了。

那幾天，曉紅很不開心，她四處找人抱怨：「到底蘭心是憑什麼可以當企劃呀！一樣做行政的，蘭心能進企劃部，真的是因為她有企劃能力嗎？該不會是走後門吧？」

後來，這話傳到了老闆耳裡，老闆狠狠地教訓曉紅一番，還降了她的工資。

當你想質疑別人可以得到更好的機會前，請先捫心自問，為什麼自己要懈怠？為什麼自己不努力？為什麼自己不願意去完成更艱難的任務？

那些沒有嘗試付出的歲月，不會引領你走向勝利的終點；那些只會耍嘴皮子而偷懶的日子，終將葬送你的一生；原本你可以成就更棒的自己，但最後你並沒能達到。

我有一位服裝設計師朋友，直到年近不惑，才明白自己真正想做的事情是什麼。

做為一名服裝設計師，她在圈內已小有成就。現在的她想開一間美甲店，卻因為害怕自己沒學過專業知識而裹足不前、不知所措。

尤其想到萬一失敗了，豈不是白費了好不容易積累出來的成就和名聲而前功盡棄？這樣在人們面前將會多麼抬不起頭來……於是，她的美甲店計畫就一直擱置著。

人越是長大，往往越是膽小。十幾歲時，我們都說著豪言壯語，敢赤身肉搏、敢為朋友拼命、敢去做一切想做的事。後來的我們開始有了太多需要顧忌又害怕失去的東西，擔心不小心走錯了路而讓自己的人生付出沉重的代價。

可是，我真想問問這位因害怕失敗而膽怯退縮的朋友：「還記得你剛開始做設計師的時候嗎？不也是靠你的一步一腳印，努力走出今天的成就？」

人生本就要有隨時能重新開始的勇氣，因為你不知道什麼時候，上天會把你現有的一切全數收回。所以，只要不喪失前進的熱忱，面對生命時始終保有一顆熱情的心，願意接受更困難的挑戰，你的人生就不會走向失敗！

去做更有挑戰的事，不是為了給人生路上設置更多的障礙、關卡，而是給自己更多能自我了解、自我提升的考驗、經驗。

有很多人不願意加班，認為加班既辛苦又疲累——可是那些升職加薪最快的同事，不

都是那些做事認真負責又願意接受挑戰的人嗎？今天你試著去做別人不願做的事情，明天你才有可能做到別人做不到的事。

羅馬不是一天造成的，很多能力都可以慢慢培養。

那些現在看似風光的人，都是因為他們願意接受生命中的種種挑戰，學會主動去做更有挑戰性的事，才沒有辜負了時光的淬煉，也才能達到自我實現的最高價值。

再不勇敢，你就真的老了

不管經歷了多少挫折，
都要謝謝那個肯一直勇敢的自己。

早知道，我就勇敢一次，去追那位喜歡已久的女孩；早知道，我就勇敢一次，去做那份心之所向的工作；早知道……

如果人們在一開始就能看到最終的結局，或許人們的人生就不會有那麼多的「早知道」。我想，所有人都希望能有重來一次的機會，屆時人們都會願意把握青春，不讓生命留下遺憾。

可惜「千金難買早知道」，時光無法倒流，那些在現實面前顯露出膽怯的人，已永遠喪失了原本能獲得的機會，也注定了會錯過理想的未來。

有句話是這樣的：「當你對未來感到迷茫，請繼續保持努力。」就算不知道下一站會通往哪裡，也請你別停下腳步——很多事、很多機會都只有一次，再不勇敢，我們就都老了。

關於夢想，每個人的看法都不同。有些人認為夢想應該要很偉大，比如，成為一名受人歡迎的明星；有些人則認為夢想其實小小的就好，比如，開一間自己的小店，經營自己喜歡的生意；也有些人認為夢想是要放在心裡的，不一定非要實現不可；還有些人認為既然有夢，就該去追尋，哪怕風雨相隨。

我覺得，生而為人，如果連夢想都能擱置一旁而不願意去實現，未免也太對不起自己了吧！無論發生什麼事，你都應該相信——沒有到不了的明天。

阿薩是個熱血的搖滾青年，他一生的夢想就是能和自己所屬的樂團一起出專輯。儘管家人和女友都不支持阿薩在酒吧駐唱，但他卻認為，做自己喜歡的事，過一天就等同於活了兩天。

他想把自己的一切都奉獻於創作音樂，每每一睜眼就看見音符在跳躍，阿薩這樣的說法，讓家人覺得他一定是發瘋或中邪了。

然而，迫於現實壓力，樂團不得不解散。臨別時，團員們一起吃了一頓飯。

阿薩喝多了，對眾人說：「你們去闖吧！我知道你們都有各自的難處，生活要繼續，音樂就暫時放到一邊吧！」說罷，他仰頭又乾了一大杯酒。

很多兄弟都哭了，因為他們也不想就這樣放棄夢想……

吃完飯，團員們一起練習的音樂室人去樓空。阿薩坐在空無一人的練習室裡打了通電話給我，這才將心中的苦一股腦兒地宣洩出來。

他說，有時迫於壓力，他也想聽爸媽的話去做點別的事，可是或許離開了音樂，以後就再也沒有機會回頭了。說著說著，他哽咽地痛哭失聲。

我聽到他這樣說，真是為他感到心碎。

不過，幸虧阿薩的女友表示願意為了愛情支持他完成音樂夢想。

我們都知道，阿薩要完成他的夢想並不簡單，雖然他有很好的嗓音、很棒的歌唱技巧，但要出唱片，更多的是要靠運氣。

我問阿薩的女友為什麼會做這樣的決定，她目光堅定地說：「為了阿薩，我願意勇敢一次，徹底地愛他和他的夢想！」

也許，你會很想要去看繁花盛開的美景，會很想帶父母去度假、旅行——可是你無法擺落繁重的工作，於是你安慰自己，時間有的是，不必急於一時，因而被動地接受命運安排。

雖然繁花年年都有，卻不一定是你夢想中的那番模樣；子欲養而親不待，父母未必能等到你終於有時間帶他們出去旅行的那天。

愛情，亦同此理。

我有位大學男同學，他喜歡一個女生整整三年，遲遲不敢向對方表白。畢業前夕，他知道將要跟女孩分道揚鑣了，便把自己關在宿舍裡，猛地喝完一箱啤酒，然後讓自己醉到不省人事。

那天晚上，很多人都在為未來奔波忙碌，沒人注意到有隻單身狗正在悼念著自己從未開始過的愛情。

兩年後，我到北京出差，偶遇那個女生。她向我打聽這位男同學的近況，還道出了一個驚人的秘密——她其實也很喜歡那個男孩，一直等待他來跟自己告白，卻始終沒有如願，而如今她早已嫁為人婦。

這個結局讓我感到相當錯愕、惋惜，兩個互相喜歡的人因為不敢向對方表白，而錯過了可能的「對的人」。

還有些人，說不上不夠勇敢，只是太過懶散。每天按部就班地生活，從未仔細地為未來做打算。他們懶得走進別人的生活，也懶得讓別人走進自己的生活；懶得對職業做出規劃，也懶得為現職的工作精進自己。

生活對這些人而言，每一天、每一年，都是一樣的，不會有什麼變化。

在你恍惚的時候，究竟錯過了多少美好？很多事情，原本不會發展成今天這樣；很多人，原本不必抱憾地轉身離開，就只是因為你不夠勇敢，一切才沒有變得更美好。

這樣的人生多麼可悲啊！

要知道，我們好不容易來到這個世上，就是為了要去追逐並實現所有美麗的心願。

時光荏苒，一去不復返，不管經歷了多少挫折與困難，都要謝謝那個肯一直勇敢、一直努力的自己。

懂得把握現在的人，才有能力把握將來

要知道，未來怎麼樣，
很大程度是由現在的你決定。

前幾天和一幫朋友聚會，閒聊了各自的近況。

有人說，自己因為沒錢而沒結婚，女朋友頻頻鬧分手。有人說，很怕家裡會有人突然病倒，去年父親突然中風後，花了很大一筆醫藥費用。還有人說，生活實在太過平淡，很害怕未來的每一天都得這樣沒激情地過。

聽了朋友的這些話，我真有些哭笑不得。不明白為什麼每個人對於那些尚未發生的事情總要心生恐懼、杞人憂天，搞得像明天就是世界末日一般。

不過，這也正是我們生活的現狀，對一切防患未然。可是，在事情到來之際，我們應該要懂得不慌不忙、沉著冷靜地應對——並不是說我們要對所有的事情不聞不問，而是要抱著樂觀積極的態度去過生活。

前陣子，朋友A跟女友大吵一架，結束了長達七年的戀情。在所有人看來，這是那麼不可思議，七年的時光都一起走了過來，究竟有什麼理由可以說分手就分手？

A氣沖沖地說，都是因為聘金。

兩人從大學就開始談戀愛，如今已到適婚年齡，雙方也論及婚嫁。只是，按照女方家的規矩，A必須在結婚前先給女方八萬元的聘金。

A一開始覺得對方要的太多了，遲遲不肯點頭答應。女友一急便說：「難道我跟了你七年，還不值這八萬塊錢？」

最後，兩個人從八萬塊鬧到分崩離析而撕破了臉皮，一段好好的姻緣也就這樣無疾而終。

A還說，其實聘金只是分手的原因之一，主要原因在於通過這件事，他意識到自己是多麼貧窮，覺得自己實在沒有信心能讓女友過上幸福安穩的生活。

他形容未來就像隻餓了很久的老虎，隨時都有可能衝過來，一口將他吞噬。

對未來沒有信心、無法給對方幸福，是很多現代男性面臨婚姻會選擇脫逃的主要原因。

我覺得，站在現實的角度為兩人的未來進行考量並沒有錯，但沒必要悲觀又一廂情願地把物質基礎當成衡量幸福的唯一標準。如果錢可以代表一切的話，那愛又是什麼呢？這世上有多少平庸夫妻，還不是能把婚姻生活過得有滋有味、幸福甜蜜？

我希望A追回女友，就算追不回，也要將家庭境況說給對方聽，才不會徒留遺憾，而且說不定對方可以理解A的處境，畢竟，兩人也相愛、相處了這麼久的時間。

A拒絕我，表示沒必要挽回一段沒把握的戀情、沒自信的婚姻，何況，現在都過不好了，還談什麼將來。

後來，A的前女友找到一位新的對象，很快地結了婚，聽說生活得非常幸福。

而A呢？他繼續過著渾渾噩噩的單身生活，甚至對婚姻產生恐懼。那點無處安放的男人自尊心，讓他看不到未來，也徹底迷失了現在。

殊不知，錢沒了，可以再賺；自信沒了，注定只能淪陷著悲哀。

A的生活原本可以越來越好，但他卻選擇了逃避——由於對未來產生的悲觀預設，讓他變成了一個消極的人。

相反的，我另一位朋友B，對待生活格外積極樂觀，因此，他的生活完全是另一番模樣。

B原本在一間小型出版社上班，每天的工作就是寫文案、找作者。因為公司規模不大，基本上沒有太多的工作量。一天工作八小時，員工們把所有的工作都做完後，通常還會有些閒暇時間。

別的同事都在滑手機、聊天，B卻不想浪費時光。每當完成工作，他就會去向其他部門的同事請教，甚至一有時間就練習寫劇本。

一年後，B已經寫出幾齣品質不錯的電影劇本。於是，他跳槽到一間藝人開立的私人工作室。

這名藝人是國內的一線明星，每天的行程都排得很滿。B初來乍到，暫時沒有被老闆委以重任，但他絲毫沒有放棄，仍在空閒時主動找其他同事討教，其餘時間則苦心孤詣地持續撰寫劇本。

半年後，他寫的一部劇本被電影公司相中而拍成了電影，上映後還取得不錯的票房成績。

當前藝人老闆得知這部電影的編劇是B時，他還開心地邀請B為自己量身訂做一些劇本。

三年後，B在影視圈內累積了不少人脈，對於電影的拍攝、製作、發行等流程都嫻熟

於心。因此，他找了幾名要好的朋友，合夥註冊了一間影視公司。

公司開張的那天，前藝人老闆還特意叫助理送了花籃來，恭賀他生意興隆。

有誰能想到，當初的Ｂ只是一間出版社的小編輯，每個月拿不到三萬錢的工資呢？

對於未來，我相信Ｂ也有過畏懼和恐慌，但他堅定地選擇了腳下的路，一步步地走向成功，而不是什麼都還沒嘗試，就被未知的一切嚇得丟了膽量。

要知道，未來，很大程度是由現在的你決定。一株小小的樹苗，要經受得住風雨的洗禮，才會長成一棵參天大樹；一朵小小的花苞，要能夠離開溫室的庇護，才能迎來一片繁盛絢爛。

「其實，地上本沒有路，走的人多了，也便成了路。」而人活著，就是要勇敢地走別人沒走過的路，學會勇敢地把握當下。

當你穩定了心態，堅定地朝著既定目標去努力，就會發現，你所奢求的安全感會一點一滴地向你聚集過來。

永遠不要輕易將夢想寄託在別人的身上，因為未來是在你的手中。

多年後，當你回首往事時，便會發覺：在那些流逝的時光裡，唯一能讓你感到驕傲和自豪的，就是你曾經穩穩地把握了當下，抬頭挺胸、昂首闊步地走過自己的風雨人生。

世界上有一群人，敢於放棄穩定的生活去拼搏

一個敢於走出舒適圈的人，將沒有任何困難能擊倒他。

熙蕾是個不可多得的完美女孩。

熙蕾長相甜美、身材很好，她的母親是個美人胚子，父親年輕時也瀟灑風流，她完全遺傳了父母的優良基因。

她家境優越，身上的衣服、包包雖不全然是特別張揚的國際大牌，卻也都是讓人叫得出名字的時尚品牌。

熙蕾的家教很優良，在父母的栽培下學會了各種各樣的才藝，鋼琴通過了檢定十級，去年還考上了國立藝術大學美術科系。

然而，生活在熙蕾這樣的大美女身邊，我從未看過她靠顏值拚上位，也不曾見過她仰仗身世去攀附富二代。我總是陪著她上電腦培訓課程，週末參觀畫展、觀賞話劇，甚至較早下班的日子，也會被她拉著去逛書店。

每當我們走在路上，行人總會回頭觀望，一會兒看她，一會兒看我——我們外表鮮明的對比，確實容易引來行人的注意。

當然，很多時候我心裡會感到不舒服，可是誰叫我跟她從小就熟識呢！

女孩子對美的意識通常領悟得早，在熙蕾這樣出眾的美人身邊就更是如此，要不是從小我們的個性就很合得來，我早就在自慚形穢的打擊之下，對她敬而遠之了。

有時我也會對熙蕾抱怨：「妳看妳，明明已經這麼出色了，乾脆就別拼了，找個富二代嫁一嫁，後半生也不用愁了。」

可是熙蕾不以為然，雖然她從小就擁有很多人夢寐以求的事物，但唯一沒能做到的就是自己掌管自己的命運、自己的人生。

每個人都有自己的生命之難，熙蕾也非大家所想的那般一帆風順。去年她考上了美術系卻遲遲不去報到，據說就是因為差點跟家裡鬧翻。想必她的苦惱就跟這有關吧！

我曾聽熙蕾說，她最大的願望是能按照自己的想法去活，哪怕只有一次機會也好。

熙蕾的母親是個嚴厲的知識份子，父親也是個有頭有臉的企業家，對於這個獨生女，他們自然是抱了很大的冀望，希望她姿態優雅、言行得體，長大後成為一名出色的畫家。

熙蕾並不討厭畫畫，可是她更愛讀書，尤其是那些曲折宛轉的人生道理，甚至在我看來覺得有些晦澀的《時間簡史：從大爆炸到黑洞》，竟也是她的愛書之一。

她夢想著，有朝一日要寫一部暢銷書。她想寫書並不是為了被這個世界記住，而是為了能體現自身的價值。

熙蕾當然可以按照父母規劃的一切去生活，那樣的她會過得輕鬆許多。可是她是個有想法的女生，情願選擇奮鬥，赴湯蹈火地去做自己。

我相信這世上沒有所謂捷徑，任何風雲人物的誕生都需要一段豐厚充實的淬鍊歲月。熙蕾將來會不會成功，我不知道，但起碼她在努力地活出自己的人生。

熙蕾的故事，放置在這座繁華的都市中並不稀奇。生活裡，每個人都是自我的一道剪影。這世上，有人過得轟轟烈烈，有人活得似水流年，有人度日快活似神仙，有人生活得泥足深陷。

其實，我並不認為那些長得好看、家世背景比一般人優越的人，就不必比別人努力。

熙蕾的故事讓我想起了一段話，這是我一位朋友在塗鴉牆上發表過的感慨：以前很不喜歡上海這座城市，可是最近忽然很想念那裡的氛圍，感覺自己正一步步地被牽引。

我很好奇他是怎麼突然喜歡上上海的，他說：「城市裡，每個人都行色匆匆，看起來都朝著既定的目標努力，這使我體會到生命既沉重又厚實的感覺，我也想成為那些毫不猶

豫地往目標奔跑的人。」

他的話使我感到驚訝，我點開他的動態牆，發現一年前的他，還在向我炫耀自己過著多麼穩定的生活。

一年前的他，經常在臉書炫耀自己有份安穩愜意的工作，當時我還曾鄙視過他。

那時候，他大學剛畢業，因為家裡有些背景的關係，所以沒有體驗過應屆生找工作的困難，直接被一間國營企業錄取了。他每天做著輕鬆的行政工作，每月領著優渥的薪資。

為此，他常常洋洋得意，在其他應屆畢業生面前大肆張揚：「你們看我多幸運！簡簡單單就實現了你們想要的目標。」可是現在，他卻離開了這份「穩定」的工作，打算去大城市歷練一番。

不要小看這份脫離穩定生活的勇氣。在我看來，一個敢於走出舒適圈的人，將沒有任何困難能擊倒他。

我妹妹也是這樣。

她剛畢業的時候，父母幫她找了一份輕鬆的文職，可是她的理想是能到大城市開一間自己的服飾店。為此，她頂著龐大的壓力辭職、離鄉，到千里之外的城市謀生。

現在的她，雖然沒有實現當初的願望，卻靠自己的努力讓生活變得越來越好，每個月都能銷售出總價值高達十幾萬元的服裝。昨天，妹妹打電話對我說：「姐，等著吧！我的店一定能開起來的。」

自從家裡人知道妹妹現在能夠一個月賺數萬元後，就再也沒人嘮叨她的不是了。當然，父母還是會感到心疼，總會很擔心地問我，妹妹是不是吃了很多苦頭，日子是不是過得足夠快樂。

有句話是這樣的：當多數人關心你飛得高不高時，只會有少數人關心你飛得累不累。而父母正是這樣的人。

那些勇敢走出穩定生活模式的人，都是與安穩的歲月打了賭，唯一的底牌就是堅信有朝一日能依靠自己的雙手過上自己想要的生活。

我相信還有很多人根本不敢邁開腳步，或許是因為來自父母的壓力、來自街坊鄰居的閒言碎語、來自親朋好友的神情眼色，但我永遠以熙蕾和妹妹這樣的人為榜樣，真心地為她們驕傲。因為她們不怕吃苦，一心一意地為達目標而艱苦奮鬥！

嘗試改變的人，永遠不會只有一條出路

承受痛苦是走向成熟的必由之路，
任何人都不能迴避。

魯迅小說《故鄉》裡有句話說得好：「其實地上本沒有路；走的人多了，也便成了路。」

學習這篇文章的時候，正值高中。那時候青春年少、無憂無慮，對這句話沒有太深刻的體會。

漸漸長大，經歷了一些事情之後，才發現原來這世界真的沒有自己想像的那麼美好——你的腳下全都是來時的腳印，至於前方的路，如果你不去嘗試，永遠不知道自己能走多遠，也不知道能走出一條什麼樣的路來。

不幸的是，我們往前走任何一步，都不會知道結果如何；幸運的是，在我們面前，永遠不會只有一條路，即使一開始繞了遠路，只要我們及時改變，依舊可以到達理想的彼岸。

「生活不會因為你的困境而放棄對你的鞭策，只有你滿懷信念，相信天無絕人之路，才能讓生活對你另眼相看。」這是一次閒聊時，娘家的叔叔對我說的話。

這叔叔是個很傳奇的人，而這「傳奇」一向都是我個人認為的。

在大部分人的眼裡，四十多歲的他一直都是個敗家子，用我爸的話來說，他是「恨不得把所有的錯都犯過一遍，才能安心過日子」。

一九八〇年代後期，和那個年代大多數的人一樣，國中畢業的叔叔接了他父親的箕裘，進入當時家鄉最好的一家國營酒廠工作。

那時正值國營企業紅火的時候，據說福利、待遇都比其他公務員好，這份工作在當時不知道讓多少人感到羨慕，連親兄弟都抱怨自己的父親偏心，這麼好的工作竟然只留給他。

照理來說，他該知足——在這酒廠做個幾年，存到錢後買棟房，再娶個老婆、生個孩子，這輩子也就活得完整了。雖然不能過得大富大貴，但要讓全家人過上安穩日子還是有些把握的。

可是他就不情願，偏偏他不想走父輩的老路，即便這條老路看起來很不錯。

他把這個想法和家人說了以後，聽說他父親追打了他數里遠，還把他壓在地上狠狠地痛揍了一頓。然而，他最後還是瞞著家人辭職了。自此，他「敗家子」的名聲也就坐實了。

辭職後，他買了一輛摩托車，做起了賣酒生意。

他沒有足夠的錢租店面，只能每天早起摸黑穿梭街坊，有時他還得跑到偏遠的小農村去做生意。

每天這樣餐風露宿，硬生生地把十七、八歲尚未吃過苦的小夥子變成了歷盡滄桑的老頭，聽說當時他被風吹日曬得連自己的父母都差點認不得了。為了省錢，他中午通常不吃飯。晚餐時，他狼吞虎嚥的模樣，讓母親時常忍不住落淚。

這樣的生活自然不如他在酒廠裡過得舒服，剛開始掙的錢也沒有以往的工資多，親戚朋友對他也多是冷嘲熱諷，他的「敗家子」名聲自然聲名遠播。

就這樣過了兩年多的時日，他總算賺到一定的錢，在城裡租了間店面。等一切都安排妥當後，他將店面交給自己的父母打理，自己則專攻偏遠的農村市場。

那時候鄉間多是泥土路，晴天時煙塵滾滾，雨天時則水漫金山，就別說那輛破舊不堪的摩托車了，連步行都有可能陷入泥濘中無法掙脫。

有次大雨，他沒地方避雨，為了防止雨水滲入酒裡，除了用塑膠袋將酒桶包裹起來，他還把自己的外套脫下來，覆蓋在酒桶上。最後，酒沒保住，自己還得了重感冒。

父母看著心痛，勸他不要再做了，就算固守店面，一個月也能有不錯的收入。可是他依舊不聽勸，病一好，就繼續到處賣酒。

幾年後，九〇年代中期，國營企業進行改革，很多工人紛紛下崗，他的哥哥也因為這次的政策而失業。為了幫哥哥渡過難關，他把自己的店交給哥哥來經營。

當地盛產黃沙，但開採的人越來越少，而原本的黃沙公司也因為改革而一蹶不振。因此，政府鼓勵民間企業投資黃沙業，但因為市場走向不明，很多人不敢貿然投入。

叔叔覺得這是個機會，便想試試。

所有人都覺得他瘋了，因為這項投資不是像經營一間門市那樣簡單，沒有上百萬元根本就玩不起來。何況，那時的房地產也不像現今這麼火熱，黃沙的需求量並不高，要是賣不出去怎麼辦？

再說，國營的黃沙公司都經營出問題了，一個沒有雄厚背景和資金的人想做好這事兒，無疑是難上加難、天方夜譚。花了好幾年，才算掙了點錢，現在就飄起來了？多天高地厚啊！別人不願意做的，你偏要去做，這不是敗家是什麼？

可是，他向來是個說做就做、說走就走的人，不管別人怎麼說，只要是他認定的事，他就會堅持做到底。別人的道路再好，那也是別人的，只有自己走出來的路才是自己的。

他用這些年賺來的錢，加上一些銀行貸款，申請了執照，買了一些機器，到離家大約四、五十公里的地方開了間黃沙工廠。一切安排妥當後，他僱用了幾個當地人，並聘請自己的朋友幫忙經營、管理，自己則在附近城市開拓相關市場。

這時他的老舊摩托車又發揮了作用，他拉著黃沙，天還沒亮就起身動工，沒過幾天就接到了第一筆生意。雖然只有幾車的黃沙量，卻讓他激動萬分。

後來，他覺得不能這樣漫無目的地去開發市場，便把目光放在黃沙公司以前的員工身上。黃沙公司的一些業務員都有很好的想法，就是不知道怎麼執行，而現在叔叔給了很好的待遇，幾個老業務員都很願意和他一起打拼。這些人的加入，讓叔叔的生意有了起色，甚至還拓展到了南京、上海等大城市。

叔叔賺到第一桶金後，一些人開始羨慕嫉妒了，紛紛也買機器來打沙。看到這種情況，叔叔一邊繼續做生意，一邊思索別的路子。

二〇〇〇年以後，手機、電腦開始蓬勃發展。那時，在我們那座小鄉村裡，這些東西依舊是新鮮貨，使用的人寥寥無幾。

然而，叔叔平時做生意和外面的人打交道得多，知道這些東西遲早會大肆流行，因而決定要開一間販賣手機、電腦等產品的賣場。直到現在，叔叔的賣場依然是我們村裡坪數最大、生意最好的。

除了這間賣場，他還在二〇〇二年前後開了村裡的第一家KTV。到了二〇〇五年，他關閉了黃沙工廠，任誰說也不管用，別人出再高價，他也不賣。

不只是因為黃沙業競爭大，最重要的原因在於過度開採，叔叔認為這遲早會讓原本美麗漂亮的湖泊失去風采。

事實也是如此。二〇一〇年，湖泊一帶水土流失嚴重，糟糕的水質讓湖裡的魚類大量死亡。為了保護湖泊的生態環境，政府取締了不少當地的沙場。叔叔聯合部分企業經營者組織了相關協會，聘請環境專家，研究治理方案，取得了顯著的成效。

前幾年，房地產爆紅，我曾經問過他：「為什麼不投入房地產市場呢？」

他說：「有句話說得好，第一個把女人比作鮮花的人是天才，第二個是庸才，第三個是蠢材。現在好了，大家都一窩蜂鑽進去，哪來這麼大的市場？」

「你不給自己找出路，只想用別人的經驗來操作自己的人生，那你就會一直在過別人的日子——雖然你的日子一天天地過，但你其實一直在重複著過。當我老的時候，我敢說自己走過了不一樣的三萬多天，但很多人就算老了，也只不過是過了沒幾天，剩下的日子都在重複著那幾天。」

一個只有國中畢業的人竟然能將人生看得如此透澈，還能說出這麼具有哲理的話，想必是因為他對生命深有感悟。

叔叔至今還時常在做與眾不同的事，也還是給人「敗家子」的形象。所幸他做的大部分事情都成功了，要不然他那「每個人都不只有一條出路」的人生哲理估計早被打入十八層地獄去了。

「人生唯一的安全感來自充分體驗人生中各種不安全感。」如果你想平庸而不抱希望地渡過殘生，有個很好的方法能讓你實現這個願望——繼續走你父母、親戚朋友乃至很多前輩所走過的路吧！那麼你這輩子所收穫的，很有可能就只是那一兩天，其餘的日子都會不斷地循環反覆。

「有的人死了，其實他還活著；有的人活著，可是他已死了。」說的正是這個道理。

你要走出自己的路來，證明你這輩子是值得的、沒有浪費的。

有時候，「改變」意味著「痛苦」，你無法知道「改變」會給你帶來什麼樣的影響，就像M．斯科特．派克在《少有人走的路》一書中說的：「承受痛苦是走向成熟的必由之路，任何人都不能迴避。」

那些「痛苦」會讓人蛻變成更好的自己，能讓人在艱苦卓絕中充實完整地走滿走好自己的一生。

國家圖書館出版品預行編目(CIP)資料

我不願將就這個功利的世界/ 南陳著.
-- 初版. -- 臺北市 : 力得文化,
2018.02　面；　公分. --（強心臟；1）
ISBN 978-986-93664-4-1（平裝）

1. 人生哲學 2. 自我實現

191.9　　107000342

強心臟 001

我不願將就這個功利的世界

初　　版　2018年2月
定　　價　新台幣299元

作　　者　南陳
出　　版　力得文化
發 行 人　周瑞德
電　　話　886-2-2351-2007
傳　　真　886-2-2351-0887
地　　址　100 台北市中正區福州街1號10樓之2
E-mail　best.books.service@gmail.com
官　　網　www.bestbookstw.com
執行總監　齊心瑀
行銷經理　楊景輝
執行編輯　王韻涵
封面構成　盧穎作
內頁構成　華漢電腦排版有限公司
印　　製　大亞彩色印刷製版股份有限公司

港澳地區總經銷　泛華發行代理有限公司
地　　址　香港新界將軍澳工業邨駿昌街7號2樓
電　　話　852-2798-2323
傳　　真　852-2796-5471

Leader Culture

Lead the Way! Be Your Own Leader!

Leader Culture

Lead the Way! Be Your Own Leader!